日本人は「やめる練習」がたりてない

野本響子
Nomoto Kyoko

a pilot of wisdom

はじめに

2018年6月、私がツイッターに何気なく書いた、「多くのひとは『辞める練習』が足りてない」というツイートが、3万6000回を超えてリツイートされた。こんな内容だ。

多くのひとは「辞める練習」が足りてない。自分の意思で転校したり、部活辞めたりした経験がない。「自分で辞めるとどーなるか」って経験してないから、会社だってそりゃ辞めるの怖いよね。マレーシア人は「学校合わないな」と転校する。それが小さい頃の「辞めて結果を引き受ける練習」になるんだな。

失敗する練習、辞める練習は、できるだけ小さい頃に繰り返したほうがいいよね。そのためには、親の精神的支配下からさっさと抜けて、嫌なことは嫌だと言えるようになること。嫌なクラブ活動を辞める、嫌な学校を辞める、その結果を自分で引き受ける。「辞めなきゃよかったなー」ってのも体験しとく。

習い事も色々やってみて、いろいろ辞めてみる。辞めるときの寂しい思いや、人間関係がなくなることや、いろんなこと体験できる。辞めた空白に新しいコトが入ってくることもわかる。こうやって人生を「選択する」練習をしてかないと、大人になってからだとちょっと怖くなっちゃうんだよね。

日本だと大変だというのもわかる。うちも日本の学校を辞めるときは周囲に絶句されたので、よくわかる。けれど、マレーシアで学校辞めるときは、「それはいいね」「ホームスクール行くのね」と肯定的な反応が多くてこれまたびっくりした。「辞めるの難しい」って人は、国や環境を変えてみるのオススメ。

多くの親が保育園の頃に「うちの子には野球やらせたいなー」「うちはピアノが素敵」なんてテキトーなノリで子供の習い事決めてた。これも自分に合わないなーと気がついたらさっさと辞めるべしだよね。うちもそうだったけど、親だってそんなにわかってないよ。自分が面白いと思えば続ければ良い。

あと、学校も会社も日本は、「一旦始めたら最後までやめない」が前提で作られてるんですね。以前大学の運営側に取材したら、「落第させると受け皿がないんで、全員卒業させないとならないんですよ」と。確かに、小学校も中学校も受け皿が少なすぎる。海外に目を向けると選択肢があるんだけどね。

正直、いったいなぜこのツイートがこんなに盛り上がるのか、意味がわからず困惑した。当時すでにマレーシアに来て6年経《た》ち、マレーシアから見たら、日本人が辞められないのはそりゃ当たり前でしょう、の感覚だったからだ。

このツイートをもとにｎｏｔｅに説明を書いたら、反響があった。出版社や雑誌社、ラジオ出演の依頼も来た。

そこで気づいたのは、日本社会には、「辞められなくて苦しんでいる」人がこんなにもいるのだ、ということだ。そういえば、私自身も、小学校から大学まであまり悩まずに進学し、就職してから大きな壁にぶつかって苦しんだ。

この本は、そんな私の実体験と、子供を二つの国（マレーシアと日本）で育てた経験から、「辞めて」「自分で選択する」人をどう作るかを書いた。

マレーシアは寛容性と多様性にあふれた国だ。読み進めていくと、「辞める人」が増えると社会はどうなるのか、多様性とは何か、寛容性とは何か、グローバルとは何か、の理解も進む仕組みになっている。

ぜひ、本書が多くの人の生活を良くすることを願う。

目次

第2章　辞める練習をする人々

第3章　寛容な社会は居心地がいい——99

「報復しない」「敵を赦す」が寛容さのベース

第4章 ゆるい国で身につく「ざっくり動く」力

マレーシアで学んだ学生が重宝される理由／二重駐車されたら押して動かせばいい／信号が壊れても「何とかする」人々／怒らない人が多いと、仕事のスピードが上がる／私たちは絶対にわかり合えない／思いやり＝「相手の時間を奪わないこと」／日本人向けのマニュアルが分厚くなる理由／プリントが驚くほど少ないマレーシア／人間の方がシステムに合わせて変わっていく／Ｇｒａｂはかつて違法だった／小学生が政治について議論する／判断はいつも自分でする

第1章　私がマレーシアに惹《ひ》かれたわけ

勉強する意味がわからなかった中・高時代

海外とは無縁の生活だった。

東京・渋谷区の下町の母子家庭で育った。区立西原《にしはら》小学校を経て、区立代々木中学校に進学。中学の部活は親に言われて体育系のバドミントンにしたが、あまり楽しくなかった。上下関係のゆるそうなブラスバンド部の友人たちが羨ましかったが、当時の私に「部活を辞める」という選択肢はなかった。

校内暴力全盛期で、学校は荒れていた。なぜ勉強するのか全く意味がわからず、特に英語は中学1年で落ちこぼれた。数学は方程式でつまずいた。授業に集中できず、他のことを考えてしまう。そこで授業中はぼーっとしたり漫画を描いたりして過ごしていた。ただ、読書だけは好きで、国語や社会は得意だった。映画に夢中になり、神田神保町《じんぼうちょう》に古い映画雑誌を買いに行ったり、一人でアメリカの古い映画を見に行ったりしていた。なのに、なぜか英語を勉強しようとは思わなかった。

中学3年になると、まわりは受験勉強を始める。私があまりに数学を理解していないことが判明して、さすがの親も心配し、友人のお父さんに個人指導を頼んでくれた。私も進学できないのは嫌で、頑張って勉強した。スタートラインが低いので、模試の度に成績が上がり楽しくなった。その後、都立青山高校に入学。青山高校に決めたのは、オーケストラ部があったことと、学校名の響きがなんかカッコ良かったからだ。

当時の都立高は非常に自由で、制服は着ても着なくてもＯＫ。生徒は大人として扱われた。自由な校風で楽しく、文化祭や体育祭が盛んだった。高校のオーケストラは、中学と比べると先輩・後輩関係もゆるく、まるで全員が友達のように仲が良かった。

高校３年になると、クラブ活動から追い出されて、やることがなくなる。同時に周囲が受験勉強を始めた。私もまわりのムードに流されて、焦り始めた。

当時、頭の中は音楽のことしかなく、進学のイメージもわかなかった。しかし、大学に行けばオーケストラが再開できるはず。ではオーケストラが有名なところに入ろう。早稲田と慶應が有名らしい。親も「公立か、早慶中央じゃなければ学費は出さない」と言い出した。そこで猛勉強を始めた。

弁護士になろうと法学部へ進み、オーケストラに明け暮れた大学生活

母親から「手に職をつけなさい」と言われていたので、法学部にした。彼女は離婚して苦労している。だから、弁護士になって弱い人の味方になろう、と思った。当時は、自分が法律家に向いているかは考えなかった。

今考えたら、当時の私はただレールに乗っかってカッコいいことを言っていただけだ。本心は、オーケストラをやって遊びたい、だったと思う。

予備校の夏期講習に出てみたら、やっぱり途中で眠くなった。時間の無駄だとすぐ予備校を辞め、その後は、図書館に通って勉強した。そして、受験勉強にハマった。受験はゲームのようなものだと思って、過去の入試問題を見て、何が出されるのかを分析し、自分の弱点を補強していく。わからないところは友人同士で教え合った。6カ月くらい続けると成績はどんどん上がった。そして早稲田大学法学部に入った。

大学では早速オーケストラに入った。私が入った「早稲田大学交響楽団」は世界旅行に行ったり、一流のホールで演奏したりしており、楽器購入や演奏旅行・活動費など、多額

のお金がかかる。練習は厳しく長時間で、空いた時間に飲食店や家庭教師、塾講師のバイトを掛け持ちし、奨学金をつぎ込んだがまだ足りず、結局ローンを借りることになる。何度も辞めようと思ったが、結局辞めることはできなかった。

親は、大学生のくせにオーケストラばかりの私に呆《あき》れ、よくケンカした。そしてオーケストラを辞めるか、家を出るかの選択を迫られることになり、ついに家を追い出されてしまった。その後、深夜バイトをやりすぎて体を壊し入院。実家に戻ることになるのだが。

高校と違ってオーケストラはあまり楽しくなかったし、異常な生活に疲れたが、私の担当していたパートは人数が少なく、辞めるのは難しかった。そして一つの部活に打ち込むことは良いことだと信じていた。

大学3年のときに司法試験を受けてみたが、あまりの難しさに全く歯が立たなかった。これでは合格するまでには相当時間がかかるだろう。大学受験の比ではない。ならば、先に就職して自分の適性を見た方がいいかもしれないな、とぼんやり思った。

就職活動で、はたと考える

大学4年になると就職活動が始まったが、遊んでばかりいた私には何もかもピンとこなかった。当時は金融機関が一番人気があり、海外が好きな人は商社や外資系を目指した。私は困ってしまった。正直なところ、就職のイメージが全くわかないのだ。

「休みが多く給料がいい仕事が良い」と思い、人気の金融機関を受けることにした。なかでも損害保険会社は魅力的だった。弁護士の仕事である示談交渉を現場でやる。法学部の私にはぴったりで、向いていたら法律家になるための勉強を始めようと思った。

今思えば、本音では待遇につられていた。面接ではたぶん、その辺が見抜かれたのだろう。総合職で受けたが落ちてしまい、一般職（事務員）でなら採用すると言われた。

内定の出た保険会社は誰もが知っている有名企業だった。女性の勤続年数が長く、給与が高く、福利厚生が充実していた。制服は可愛《かわい》いし、本社ビルもカッコ良かった。就職情報誌の情報はいいことばかりで、いわゆる「評判の良い」会社だった。そんなわけで、内定したときは、ちょっと自慢だった。みんなに羨ましがられたし、親も安心してくれた。

ただ……正直「それでいいのだろうか？」と私はときどき考えた。が、あまり深く追求しなかった。私は、保守的な学生だった。

そんな私が海外に出たのは、卒業直前の大学オーケストラの演奏旅行が最初だった。フィリピンとヨーロッパ、アメリカを回り、「こんな世界があるのか」と驚いた。

とはいえ、演奏旅行なので、現地に着けば、リハーサル・演奏会が待っている。英語が全くできないため、現地の人とは全くコミュニケーションを取らなかった。初めて見る海外に圧倒されたまま、私の4年間の大学生生活は終わった。残ったのは、演奏旅行にかけた多額の費用の内定者向けローンと、返済すべき奨学金だった。

就職して現実を知る

さて、会社に入って待っていたのは厳しい現実だった。就職した当時は、毎日が後悔の連続。体裁や条件で会社を選んだのは、完全に失敗だった。自分の向き・不向きを完全に見誤っていた。

まず、配属先はカッコいい本社ビルではなく、地方の支店だった。朝礼、社歌、行事。

管理職は男性ばかり。活躍しているように見える女性は一人もいなかった。一般職の女性はお茶汲《ちゃく》みをする。

しかし、「この仕事に向いていない」と決定的に悟ったのは、交通事故の示談交渉をする部署に配属されてからだ。交通事故の現場は殺伐としている。契約者から怒鳴られたり、時にはヤクザが出てきたりもする。電話に出れば、お客さんは、新人だろうが何だろうが、怒りをぶつけてきた。

私は争いごと自体が苦手だった。事故の相手側に電話するのは憂鬱だった。法律の知識が活《い》かせたのは事実だが、争いごとが苦手な私は、そもそも法律家には向いていなかったのだ。向いていない仕事は苦痛でしかない。そんなことに、遅ればせながら気がついた。

大学の選択を失敗したことを悟った。だからといって、どこからやり直せばいいのかわからない。他に道があるのかもわからなかった。ストレートに大学に入ったので、挫折らしい挫折もなく、何かを途中で外れるという経験をほとんどしていなかったからだ。

さらに辛《つら》かったのは、仕事ができなかったことだ。事務作業が壊滅的にダメだった。他の人がわかることが、私には理解できない。特に計算は致命的に遅く、ミスばかりした。

やりたくない仕事はいつまで経っても終わらず、残業ばかり。課長は「お前それでも早稲田か」と嫌みを言う。お給料が良く、勤続年数が長い女性が多いのは本当だった。当時、同僚たちは、先輩たちの腕時計を眺めながら、

「この会社お給料いいから、ロレックスの腕時計が買える」

「ボーナスは3回出るし、いい結婚相手を見つけられる」

などと楽しそうだった。話題は結婚と芸能、お買い物のことばかり。「早くいい人を見つけて結婚する」がみんなの合言葉だったと思う。この考え方にはどうしてもついて行けなかった。けれども、みんな優しかった。毎日、暗い顔をして出社する私を見て、先輩たちは心配してくれた。いい人が多かったけれど、自分はここに一生いるのか、と思うと辛かった。

千葉敦子さんの本に出会う

翌年、営業部に異動になり、事務をやることになった。

営業部の仕事はもっと向いていなかった。伝票処理や経費処理、計算、毎日が数字との

戦い。計算が遅く、細かいことが苦手な私には苦痛でしかない。

営業部に入って1年経ったころ、後輩となる新人が配属されてきた。その子は制服のスカートをギリギリまで短くしていて、いかにもイマドキの子って感じだった。ブランドもののバッグを持って、髪を明るく染めていた。

ところが彼女、優秀でとにかく仕事ができた。数学が得意で、特に計算が速いのだ。しかも性格が良く、親切で「先輩、私やっておきますよー」と言って、面倒な計算はどんどん片付けてしまう。私はどんなに助けられたか、わからない。当時のパートの人たちも優秀で、とにかくずいぶん楽になった。

後輩の彼女はよく言った。「私、この仕事に向いていると思います」。そうなのだ。彼女は事務の仕事に向いている。一方、私は自分が向いていないことを自覚していた。

私は、逃げることにした。趣味のオーケストラにのめり込んだ。社会人オーケストラは、学生時代とは違って厳しいけれども楽しかった。オーケストラだけが自分が生きている意味だったような気がする。

そのころは、いかに仕事を早く切り上げて、趣味の時間を捻出するかばかりを考えるようになっていた。自然と、時間管理に興味を持つようになった。

仕事帰りに寄った近所の書店の「時間管理コーナー」で、千葉敦子さんの『ニューヨークの24時間』（文藝春秋）という本を見つけた。仕事時間を短縮するための良い方法が学べるかな、と思ったのだが……衝撃を受けた。

千葉さんは「時間の使い方は、生き方の問題なのです」と言い、「自分の本当にやりたいことをやらないでいる人たちは、ものすごい時間のむだ使いをしているわけです」とバッサリ切り捨てていた。さらに「自分の能力とは関係のない仕事を選んでいる人に、上手な時間の使い方を教えることは誰にもできない」とまで書いていた。つまり「私みたいな人間は、時間管理の本など無駄だから読むな」ということだ。

自分の住みたいところに住み、やりたいことをせよ、と。人生はいつ終わるかわからない、と。住みたいところに住む――考えたこともなかった。がん患者の彼女の言葉には説得力があった。そしてこの本を読んでから、毎日ずっと考えた。

では、私に向いていることは何だろう？

ずっと苦痛なくできることは何だろう？

「書く」を仕事にしようと決める

せめて多少は向いている仕事をやろうと思った。遅まきながら自分の分析が始まった。
まず、ずっと続けてきた楽器演奏は大好きだった。しかし大学時代に、私よりうまい人がたくさんいた。「仕事＝お金」にするには非現実的である。部活動で思い切りやっただけに、あきらめがついた。

次にプログラマーを考えた。当時、会社にはパソコンが導入されたばかりで、マイツールというソフトで簡単なプログラムが書けた。私はこれが好きだった。プログラムを作ると、大嫌いな計算や手書きから解放される。コンピュータは計算ミスもしない。私は夢中になって大口契約の計算プログラム、代理店の名簿管理プログラムを作り、本社から表彰されたこともあった。

話はそれるが、ちょうどそのころ、学生時代から付き合っていた音楽仲間の先輩と結婚した。私たちは、公民館で地味に結婚したので、ご祝儀が少し余った。そこで当時高級品だったアップルのＬＣⅡというパソコンを買った。夫はシステムエンジニアで、彼の情報処理の本を見せてもらって勉強を始めた。ところが最初のページに二進法が出てきて、さっぱり理解できなかった。これも自分には向いていないと結論づけた。

もう一つ、得意だったのは「文章を書くこと」だった。仕事でも代理店向けのニュースだけは書くのが好きだった。小さいころから作文だけは得意で、クラスでは誰よりも書くのが速かった。うまいのではない。速いのだ。国語だけは勉強しなくても点数が取れた。今思えば「得意なことは速くできる」のだと思う。

書くことは好きかもしれない、と思った。でも書くことをどう仕事につなげれば良いのだろう。ちょうどそのころ、内館牧子さんの『切ないOLに捧《ささ》ぐ』（講談社）という本を読んだ。涙が出るほど共感した。大企業のOLをなかなか辞められない彼女の苦しみが、自分に重なった。単純な私は、最終的に脚本家になった彼女に影響され、早速近所のシナリオ教室に通うことにした。会社の昼休みに会議室で一人シナリオを書いた。書くことが速い私は量産できた。内容もよく褒められ、雑誌に自分のシナリオが載ったりした。

よし、シナリオライターになろう、と思って勉強を進めていった。だが、待てよ、私はテレビが好きではないし芸能人の名前もわからない。テレビドラマが嫌いなのにシナリオライターになるのはどうなんだろう？　好きなことを続けないと、たぶんどこかでまた限界がくる。そう気づいて、シナリオ教室を辞めた。

けれど、気がついたら、会社だけだった私の世界は広がっていた。教室に通っている仲間には定職を持たない人も多かった。そして「仕事をしていない人たち」に対する偏見が消えていった。

ようやく私は会社に辞表を出した。入社してから5年が経っていた。まだ怖かった。仲間たちから離れて、一人ぼっちになる感覚である。先輩や同僚たちには、

「こんないい会社、二度と入れないよ」

「辞めたら世間は甘くないよ」

と言われた。さらに「ライターになろうと思う」と言ったら「未経験じゃ、無理だよ」と返ってくる。が、とにかく無事引き継ぎが終わり、5年勤めた会社を辞めた。ただ、辞表を出してから半年くらいはうじうじと後悔した。

どこも雇ってくれない

「経験もないのにライターになるのは無理」と言った先輩たちの予言は、当たっていた。就職活動を始めたけれども、どこも雇ってくれないのだ。音楽ライター、医療系ライター、教材ライティング、と書く仕事であれば、かたっぱしから応募して面接に出かけて行った。ところが、経験も実績もないので、誰も相手にしてくれない。

そんなころ、小さな編集プロダクションを受けた。雑居ビルの一室がオフィス。大学で就職活動中の私なら、絶対に選ばない会社だろう。面接では話が弾んだ。仕事はライティングのみではなく、編集やデザインも一人でこなす。小さな会社だけれども、ここに入れたらいいな、と思って、ちょっと期待した。しかし、残念ながら、この会社からもお断りの手紙が来た。小さい会社だから一人しか雇えない、経験者が来たからその人を採用したいと。当然だなーと思った。けれども、当時の私はそれでもこの会社が良いな、と思った。そこで、社長に手紙を書くことにした。もし、また募集することがあれば、声をかけてください、という内容だった。

手紙を投函してしばらくすると返事が来て、「一度オフィスに来てください」と言われた。ビックリした。行ってみると、「本当は一人しか雇うつもりなかったけど、二人雇うことにしたから、ぜひ来てください」と言われた。驚いた。こんなことってあるんだな。こうして私は編集プロダクションに入社した。

小さい会社なので何でも一人でやる。ライティングの基礎から編集、レイアウト、色指定など、この仕事の基礎を教わった。保険会社で怒られていたのが嘘《うそ》のように、どの仕事もスルスルと頭に入った。仕事は毎日楽しく、あっという間に日々が過ぎた。ライティングの仕事は、とても速くできた。得意なことは没頭できるので時間がかからない。千葉敦子さんが本の中で〝時間を忘れるほど好きなことを仕事にしろ〟と言ったのはこれか、と理解できた。

2年ほど働くと、ここでも向き・不向きがわかってきた。デザインの仕事がどうにも苦手だった。自分で色指定すると、ぞっとするほどセンスの悪いものが出てくるので泣きたくなった。ある人には「あなたはライターより編集者に向いている」と言われたこともあり、デザインの仕事を外注できる程度の規模の会社に入ろう、と決めた。

パソコン雑誌の編集者になる

そして1995年、私はアスキーという会社に転職した。ちょうどアメリカでウィンドウズ95が発売された年。私は「MACPOWER」というパソコン雑誌の編集部に配属された。

当時、パソコンは高価なマニアのおもちゃだった。パソコン雑誌にはたいてい怪しいCD-ROMがついており、「パソコン雑誌の編集部に行く」と言ったら、みんなが「怪しい。大丈夫?」と笑った。そんな時代だったのだ。

さて入社初日、朝10時に会社に行った私は驚いた。オフィスはシーンとし、床には寝袋が転がっていて、寝ている人がいたからだ。当時のアスキーはまるで同好会のような雰囲気で、お固い会社とは何もかもが違っていた。

アスキーに入って困ったのは、会社にしばしば外国人がやってくることだった。アップルやアドビやマクロメディアといった会社の人たちが、本国アメリカから自社ソフトの売り込みに来るのだ。社員も英語が話せる人が多かった。

最初にアメリカ人の広報が来たときのことは忘れない。当時の上司と一緒に挨拶に行ったのだが、私は英語が一言もしゃべれなかった。どれくらいかというと「ハロー」しか言えなかった。上司が"Nice to meet you"と言っていたが、それすら知らなかったので、我ながらショックだった。そして、その後の英語の話は、全く意味がわからなかった。

私は、自分が悪いとは思っていなかった。むしろアメリカ人の無神経さに腹を立てていた。なぜ自社製品を売り込みに来ているのに、英語でプレゼンするのか。ここは日本で、日本人に売り込む以上は、日本語を学んでから来るのが礼儀だろう。真剣にそう思った(が、英語でそんなことを言える能力もなく、黙っていた)。

その後、「マックワールドエキスポ」という展示会を取材するために、アメリカに出張することになり、さすがに本格的に英語を勉強しなくてはならない必要性が出てきた。夫から通信講座「ヒアリングマラソン」のお古を借りて、毎日聴き始めた。1週間に1回、近所に住んでいたオーストラリア人と会話の練習をした。

それでも最初の海外出張はさんざんだった。海外で英語ができないと、まるで赤ちゃんと同じ。さすがの私もアメリカに行くと、台湾人や東南アジア人も英語が話せることがわかり、これは勉強しないとまずいな、と思い始めた。

インターネットのチャットを始める

ちょうどそのころ、インターネットが登場した。雑誌では毎号、インターネットをどう使うかの特集を組んでいた。インターネットも登場当時は「怪しい」「信頼できない」とよく言われていたものだ。

私はインターネットで本当に世界がつながるのかを実証してみたいと思った。調べてみると、外国人とのオンラインチャットができるらしい。チャットならばパソコン通信時代にもやっていたが、国を超えるおしゃべりはインターネットならではだ。

ウエブ上のチャットルームが見つかった。外国人と日本語で会話をするというサービスだった。「日本語で」というのがミソで、私はここに毎晩出入りし、外国人とのチャットに夢中になった。しばらくすると、シンガポール人の高校生たちと仲良くなった。彼らはポリテクニックと呼ばれる高等専門学校に通っていて、第二外国語として日本語を勉強していた。

この高校生がある日、「ＩＣＱってソフトを知っている？　急いでインストールして！　説明は後でするから！」とメッセージしてきた。私は、言われる通り、慌ててインストールした。そして彼の言う意味をすぐに理解した。ＩＣＱはイスラエルの会社が開発した単体のチャットソフトで、1対1のチャットが簡単にできる。パソコンのデスクトップに常駐し、ウエブチャットのようにリロード（再読み込み）しなくてもいい。私はここに英語のプロフィールを公開し、英語でチャットを始めることにした。英語の勉強にもなるのではないかと思ったのだ。

これが、運命の分かれ目だった。

さまざまな国の人たちが私に連絡を取ってきたのである。フィンランド人、シンガポール人、香港人《ホンコンじん》、イギリス人、イタリア人、韓国人……。そのうちの一人がマレーシア人だった。今思うと、これこそが私自身のグローバル時代の始まりだった。毎晩、世界中の人とチャットをするのは、当時20代だった私にとって、大変刺激的で面白い体験だった。

連絡をくれたマレーシア人は「ＢａｂｙＧ」と名乗った。私に興味を持ってくれたのは、当時、ＩＣＱをやっていた日本人が珍しかったからだと思う。「ＢａｂｙＧ」はプロフィールに性別すら明かしていなかったが、そこはよくわからないまま毎晩チャットしていた。英語チャットは、聞き取りが苦手な私にとっては楽なコミュニケーション方法だった。

「BabyG」から、私は英語を学んだ（だから、私の英語は最初からマレーシア英語なのだ）。半年ほど経って、謎の「BabyG」が突然日本に来ることになった。「横浜に行きたいから、案内して欲しい」と言うのだ。インターネットで知り合った人と会うのは勇気がいる。外国人なら尚更だ。私は迷ったが、会ってみることにした。

子供を置いて旅行に来る人々

90年代後半のことである。池袋のビジネスホテルで待ち合わせた。「BabyG」はジニーという名前の、私と同世代の女性だった。小児科医であるという夫と一緒にやってきた。彼らは中華系マレーシア人だった。マレーシア人というから、肌の色が違う人たちだと勝手に思っていたけれど、私たちと似た人種だった。

マレーシアに華人がいることすら、当時の私は知らなかったのだ。マレーシアについて知っていたのは、アジアの発展途上国であるということくらい。イスラムの国であることも知らなかった。

驚きの連続だった。まず、華人なのに英語名を使っていること。子供も英語の名前をつけていること。そして彼らは、英語、広東語《カントンご》、マレー語の3カ国語が話せるという。家では広東語を話すが、夫婦間で英語を話すし、マレー語も使える。そして華人なのにジニーは漢字が読めないというのだ。

なかでも一番驚いたのが、母親である彼女が、2歳、4歳、6歳の小さい子供を3人置いて、東京に遊びに来ていることだった。

「置いてきたって、子供は誰が面倒をみているの?」

「お手伝いさんと、ときどきお母さんが来てくれる」

拙い英語でそんな会話をしたような気がする。英語が苦手すぎて半分くらいは想像力で補っていたほどだ。とにかく話せば話すほどに、私の頭の中は、混乱した。

「子供を置いて夫婦で遊びに来ているなんて、ありなのか?」

そんな感じで頭の中はぐるぐるしていたのだが、とにかくこんな世界があるんだ!と驚愕《きょうがく》した。

初めてのマレーシアでカルチャーショック

翌年、今度は彼らから「マレーシアにおいでよ」と誘いがあった。期間は2週間。しかも彼らの幼い3人の子供たちと旅をするのだという。子供は3歳、5歳、7歳になっていた。私は子供が苦手だった。しかしチャットで「子供は好き?」と聞かれて、つい「イエス」と嘘をついてしまったのだ。まわりに子供はいなかったので、どう扱っていいのかもわからない。でも、まあ何とかなるだろう、と夫と二人でマレーシアに飛んだ。

初日、子供たちと対面した。せっかく日本土産をあげたのに、私たちのコミュニケーションが相当ぎこちなかったのか、会うなり、子供は泣き出した。

ところが、旅が終わるころには子供たちとすっかり仲良くなり、彼らが大好きになっていた。子供たちは実にのびのび、幸せそうだった。ジニーの家族はとにかく仲が良く、家族って良いものなんだな、と実感した。

ありとあらゆることにビックリした旅だった。まず、発展途上国であるはずのマレーシアだが、想像以上に快適だった。クアラルンプールにはビルが建ち並び、日系のデパートやジャスコ(今のイオン)もあった。ツインタワーはできたばかりだったが、まわりの開発が始まっていた。

彼らの自宅は私の東京の家の3倍はあり、床は大理石のようにツルツルしていた。ゆったりとした空間に中華風のどっしりした家具が置いてある。今思うと、そこはマレーシアの中間層が住む典型的なリンクハウス（長屋）だったのだけれども、当時の私は「もしかして彼らはとんでもないお金持ちなのでは」と思った。

彼らの友人のコンドミニアムにも案内してもらった。大きなプールがあり、ゆったりとした敷地はいかにも快適そうだった。街にはバラックも多かったが、そこには主に周辺国からの出稼ぎ外国人労働者が住んでいると聞いた。意外なことに、国民の平均的な暮らしぶりは悪くなさそうだ。こんな生活ができるのが発展途上国なら、日本は何なのだろう？とよくわからなくなった。

日本社会に疑問を持つようになる

何より驚いたのが、子供が多いことだ。クアラルンプールは、家族で行動する人が多かった。中華レストランに行けば、子供がいない夫婦は我々くらい。たいてい5〜8人くらいの家族連れが大きなテーブルを囲んでいる。小さいテーブルは少なく、子供がいない私たちがマイノリティで、肩身が狭く感じた。

人々が、子供たちにビックリするほど優しいことにも驚いた。どのレストランにもベビーチェアが用意されており、子供たちはどこへ行っても可愛がられた。警備員のような人たちも子供たちにやたらとフレンドリー。これは子供も幸せそうだし、母親も楽そうだった。夫も子供たちの面倒をみる。ジニーが常に子供を見ている必要がない。それに、家にはメイドさんがいて、子供の面倒をみてくれるという。

子供連れが迷惑がられる日本とは対照的な世界が、そこにはあった。子供たちもどういうわけか、あまり泣いたりわめいたりしないで、大人しくしている。これは今でも謎なのだが、マレーシアの子供たちは実に穏やかに見えるのだ。

旅行を終えて日本に帰ってくると、レストランに子供の姿はほとんど見当たらない。女性同士、男性同士、または一人でいる人が多い。家族連れが少ないのだ。たまに子供連れがいても、ものすごく肩身が狭そうにしていたり、子供を叱ったりしている。私自身も近くに子供がいると「うるさいなあ」と感じていた一人だが、これはいったいどういうことなのだろうか。

日本の方が便利で、街はきれいで安全だ。なのに人々の顔がマレーシア人よりも暗く見えた。もしかしたら、子供が街にあまりいない日本社会の方が何かおかしいのではないか？と思い始めたのはこのころからだ。

国によって子育ての常識は異なる

ジニー一家との付き合いはその後も続く。翌年は、一緒に韓国に行った。韓国には私の別のＩＣＱ友人、白《ペク》さん一家が住んでおり、３家族で合流し、食事を楽しんだ。ジニー一家は旅行好きで、毎年２週間ほどの休暇を取っては旅行を楽しんでいた。アメリカに行くときにも日本に寄るので、ほぼ数年に１回のペースで会った。

しばらく付き合ううちに、ジニーがほとんど料理をしないことがわかった。マレーシアには料理をしない人が多いので、台所がない家も少なくない。日本の「良妻賢母」が聞いたら卒倒しそうな現実が、そこにはあった。

手作り料理もない、子育ては積極的に外注、掃除も外注、自分の楽しみは確保する——でも子供たちへの気配りと愛情は惜しまない。果たして母親の手作り料理を知らない子供たちは、いったいどんな風に育つのだろうか？　とても興味がわいた。

私も子供を育ててみたいと思うようになった。子供たちは一人一人違って面白く、子育ては楽しそうだった。マレーシア人のように母親の息抜きが多少は許されるのなら、私も何とかなりそうだ。嫌になったらマレーシアに行けば良いではないか。私は子供を持つことに対し、すっかり抵抗がなくなっていた。

それから少し経った2003年、日本では『負け犬の遠吠《とおぼ》え』（講談社）という本がベストセラーになっていた。結婚して、子供を持つと女性は不自由になり、つまらなくなる。「お一人様」の気楽さがもてはやされ、自由を失うのを恐れる女性たちは子供を持つことに抵抗し、子供の数はどんどん減っていった。

一方で子育て中の家庭は、母親一人の責任の大きさや、経済的負担、保育園に入ることの困難さなどに戸惑っていた。さらには「子育ては損か」という特集が雑誌で組まれるなど、子育て自体をネガティブに捉える人が多かった。私も子供を持つのを躊躇《ちゅうちょ》していた一人だったのだが、外国人と接することでそれも消えていった。

子供を留学させるのが当たり前？

私はその後、アスキーを辞めてフリーになり、朝日新聞社の「ＡＳＡｈＩパソコン」編集部に移って仕事を続けていた。雑誌の休刊後は、隣の「アサヒカメラ」編集部に移った。

そのころ、待望の長男が生まれた。好奇心いっぱいの子供の誕生で、世界が広がった。ジニーとは、教育の話もするようになった。外国人と話すと、留学を考える親が多いことがわかった。自分の国だけで子育てが完結していないのである。

ジニーは子供たちを中学からシンガポールで教育したいと話した。当時の私には驚くべきことだった。子供たちが国を移動するなんて考えたこともなかった。というか、彼らと話すことの全てが私には目新しいことばかりだったけれど。私はといえば、日本から海外に出る選択肢なんて大学の強制的な演奏旅行までなかったのだから。韓国の白さんは子供を台湾と南アフリカに留学させている。韓国では中高での留学は非常にポピュラーなのだという。そして韓国人の留学先の一つとしてマレーシアも選ばれていた。

ジニー一家と並行して、私はフィンランド人や香港人、イタリア人とも交流を深めていた。英語のネイティブは少なかったが、出会う人々はたいてい英語を話した。マレーシアはシンガポールと同様、マレー系、中華系、インド系が住む多民族国家だ。つまり、それぞれの基本言語はマレー語、中国語、タミル語やヒンディー語だ。なのに、多くの人が英語を理解できた。これにも驚いた。アジアの人が英語を勉強する姿を見て、私もかなり真剣に英語を勉強するようになった。

ジニーの子供たちは学校で、英語、マレー語、北京語《ペキンご》を学んでいた。家では基本的に英語だが、広東語も話していた。ジニーの夫は小児科医で、イギリスで医学を勉強した。彼の口ぐせは「中国語はできなくても構わない。でもこれからの時代は英語が重要になる」だった。

日本での子育てはきつい

このころは、子供天国のマレーシアから帰ってくる度に、日本社会はきついな、と思うようになっていった。レストランに行けば「お子様はお断りします」の張り紙があるし、小さい子を連れて電車に乗るのは本当に気を使う。日本の電車はマレーシアとは違って本当に静かで、子供の声をうるさいと言って、怒る人がいるからだ。

子供を持って初めて気づいたことは、日本の母親は「まわりにアピールするために子供を叱っているのではないか」ということだ。要するに「私はこんなにちゃんと子育てを頑張っていますよー。ちゃんとしつけているんですよー」と発信して知ってもらわないと責められてしまうという強迫観念があるのかもしれない。そこは、父親を含め家族全員で子育てをするマレーシアとは大きく異なっている。

日本人が子供を作らないのは、経済的な理由によるものが大きいという。この当時（2006年）の日本は今よりずっと勢いがあり元気だったが、なぜマレーシアよりも経済的に豊かなのに「お金がなくて」子供を育てられないのだろうか？　マレーシアでは、中間層ですら普通に子供をインターナショナル・スクールに入れたり、海外に留学させたりしているではないか。いったいこの差は何なのだろうか。

いじめ、自殺、引きこもり、犯罪など、子供に関してのネガティブな報道も多かった。そして、事件が起こると犯人探しが始まり、多くの母親が育て方を責められる。「この社会で子供を産もうという気にはならない」という声もあったが、もっともだと思った。

実際に私の周囲でも自殺で亡くなってしまう人や、うつ病の人が多く、気が滅入った。さらに嫌だったのは、何か問題が起きたときに、まるで「何事もなかった」かのように起きた事実が隠されることだ。「もしかしたら、社会の方がどこかおかしいのではないか」という思いは強くなった。

日本より少し先の未来が見えるマレーシア

2008年の終わりから2009年にかけて、私たち家族はまたマレーシアに行った。このときは一緒にマラッカに行き、私はジニーからフェイスブックを教わった。日本でフェイスブックをやっている人は少なかった。

マレーシアはすでにアジアのフェイスブック大国と言われており、多くの人がアカウントを持っていた。2009年、私もジニーに誘われフェイスブックに参加した。そして彼らが自分たちの写真をどんどん公開するのに面食らった。

おかげで、2010年、朝日新聞出版でフェイスブックの本を作ることになったときには、ITライターとしては素人の私に白羽の矢が立った。使っている日本人が他にいなかったからだ。
今ではフェイスブックなど当たり前のインフラになってきたが、当時、最初の本が出せたのは、私がマレーシア人と一緒に過ごしていたからに他ならない。それに顔を堂々と出し、本名で家族や友達、仕事仲間とフェアに付き合うフェイスブックの世界観は、とてもマレーシアっぽいなと思った。『いいね！ フェイスブック』（朝日新聞出版）はこうして出版された。
マレーシア人と付き合っているだけで、日本より少し先の未来が見えるのだ。

「日本は大好きな国だけど、子供を留学させたいとは思わない」

ジニーの子供たちからは、マレーシアの学校についてよく話を聞いた。驚いたのは、別に転居もしていないのに、彼らが何度も転校していることだ。ジニーの夫に聞けば、「ハッピーじゃないから転校するんだ。それだけだよ」とあっさり。そんなことが許されるのか。当時中学生だったジニーの長女も、入ったばかりの中学校をいじめで転校したという。し、マレーシアでは、普通の人もインターナショナル・スクールに行くのだという。

当時の私は、新聞で学校でのいじめの記事を読んでは嫌な気持ちになっていた。だから、彼らの「ハッピーじゃなければ転校してもいい」という考え方があると知るだけで、気持ちが楽になった。それに、彼らの転校先は世界に散らばっている。世界中の学校から自分に合った学校を探す――そんなことを実際にやってのけている人がいることに、私は圧倒されていた。

一方で当時、私は彼らが進学先として日本も含めて検討していると思い込んでいた。10回以上来日しているし、安全な日本で一人暮らしをするのも悪くないはずだ。そこで「もし日本に留学したいのなら、手伝うよ」と言ったことがある。

ところがジニーの夫の答えは予想と真逆だった。

「日本は大好きな国だけど、うちの子供たちは日本には留学しないと思うよ。第一希望はシンガポール、次に欧米に行かせようと考えている」

と言う。聞けば、マレーシアでも日本に留学を希望する人は減っているのだという。

ある日、反対に「君は子供の教育をどうしようと考えているの？」と聞かれたので、私や夫と同様に公立学校に入れたい旨を話すと、「日本に英語で授業ができる大学はいくつあるのかな？」と言う。私が知っている限りで答えると、彼は静かに話した。

「それでこれからのグローバル化する世界に対応できるのかな。子供が世界で生きていけるように、一時でもマレーシアに来ることを考えたら？」

当時はまだグローバル化などという言葉は一般的でなかったので、驚いた。

「マレーシアでは多くの学校が英語で授業をしている。これからの世界で、英語はとても大事だよ。僕は子供たちが中国語ができなくても心配しない。けれど、英語ができなければものすごく心配するだろう」と話した。

全く予想外のことを言われ、私は考え込んでしまった。

ジニーの長女の学校には韓国人の留学生がたくさん来ているそうで、韓国人の親たちも、英語の重要性に気がついていると言うのだ。一方で、マレーシアに留学している日本人はほとんどいないらしい。彼らの長女までが、「今の中学校はとても良いところだから、ぜひ彼（私の長男）に薦めたい。彼はマレーシアに向いていると思うよ」と言う。

このときから、私は真剣に子供を海外で育てることを考え始めた。そして桐島洋子さんや、若草まやさんの本を読み、海外留学についての知識をつけていった。

保育園の園長先生の予言

「いつかは子供を海外に連れて行こう」という気持ちは強くなっていたが、一方で東京という街も大好きだった。子供も保育園に馴染《なじ》み、楽しくやっていた。楽しくやっているものを無理やり引き剝がす必要もないだろう。保育園は特に先生たちが素晴らしかった。長男は好奇心いっぱいで、毎週、国立科学博物館に通い、宇宙や元素記号に夢中になった。

ところが、卒園間近になったある日、園長先生から「この子は、この辺の普通の小学校には合わないかもしれないね」と言われた。ビックリして「じゃあどうしたら良いと思いますか」と聞いたら、「山村留学などを考えたら?」とアドバイスを受けたのだ。

さて、先生の予言通り、小学校に入学すると、長男はみるみるうちに元気を失っていった。おしゃべりだったのに、口数が少なくなり、夜に唐突に泣き始めるようになった。

のびのびした保育園生活とは反対に、自由に質問ができない学校に耐えられなかったようで、じき登校しぶりが始まった。朝、学校に行く時間になると泣いて嫌がり、校門まで引きずって連れて行く日々が始まった。今思えば、そこまで嫌がっている学校に行く意味はない。宿題や授業を見ていると、子供に合わないのは明らかなのに、私自身も当時は「不登校になっては困る」と思っていた。どうして良いのかわからなかったのだ。

子供は毎晩夜中に泣くようになり、冬休みに泊まりに行ったスキー場でもホテルで夜通し大声で泣くので困った。気分転換に、学校を休んで、あちこちに数週間子供を連れて行くこともあった。ついには学校を辞めて一緒にマレーシアに1年行くことを決めた。良いタイミングだった。そして、1年の予定だったはずが、今までずっと、マレーシアに住んでいる。

ここで現地の人々に囲まれて暮らしているうちに、自分の常識がどんどん崩れ、日本を客観視するようになっていることに気づいた。ここから先は、そんな私の視点から見たことをお伝えしていきたい。

第2章　辞める練習をする人々

知り合いが一人もいない場所に住む

マレーシアでの暮らしが始まった。まずマレーシアがどんな国なのか、ここで簡単に紹介しよう。

マレーシアは、東南アジアにある約33万㎢の面積を持つ国だ。タイ、シンガポール、インドネシアに囲まれている。人口は約3200万人で、民族はマレー系が約69％、中華系が約23％、インド系が約7％。少数民族も多い多民族国家である。ブミプトラ政策というマレー系や先住民族の優遇政策をとっており、また英連邦の国でもある。

イスラム教徒が人口の61％、仏教徒が20％、キリスト教徒が9％、ヒンズー教徒が6％、儒教・道教徒が1％。主な産業は製造業（電気機器）、農林業（天然ゴム、パーム油、木材）および鉱業（石油）など。経済成長率は、2010年からは4～8％の間で推移している。

マレーシアに滞在する日本人は、2017年の調査で2万4000人ほど。首都クアラルンプールでは、特定の場所に大多数が住んでいると言われており、こうした街には日本人向けのスーパーやレストラン、教育産業などが集まっている。

（表1）マレーシアの基本情報

Malaysia
1957年 イギリスより独立
連邦立憲君主制

国王	アブドゥラ・スルタン・アフマド・シャー
首相	マハティール・ビン・モハマド
面積	33万290km²
首都	クアラルンプール
人口	3205万（2017年）
民族	マレー系▶69%　中華系▶23%　インド系▶7% 他
宗教	イスラム教▶61%　仏教▶20%　キリスト教▶9% ヒンズー教▶6%　儒教・道教▶1% 他
公用語	マレー語
通貨	リンギット（MYR or RM）
GDP	1兆3534億リンギット （約36兆5418億円・1RM＝27円で計算）

私は2012年からマレーシアに住み始めたが、初めて外国に住むにあたっては、アメリカ在住で元アップルの松井博さんからアドバイスを一つだけもらっていた。

「最初は日本人がなるべくいない環境に住むこと」

彼の本の担当編集者だった私は、素直にアドバイスに従うことにした。彼の言うことなら何か意味があるのだろうと思ったのだ。

そんなわけで、中心部から離れたマレー人が多い住宅地を選んだ。同じコンドミニアムの日本人もゼロ。華人も少ないエリアでイスラム色が強く飲み屋もない。今思えば、この選択がその後の生活を決めた。新居を見にきたジニー一家は「僕たちでもここは外国のように感じる」と驚いていた。

近所には知り合いが一人もいない。最初は母子移住という形をとり、長男と二人だけでの生活が始まった。のちにこの寂しさが必要だったことを知ることになる。

マレーシアにインターナショナル・スクールが多い理由

子供はインターナショナル・スクールに通わせることにした。こちらも日本人が一人もいない学校を選んだ。

ここで少し、マレーシアの学校の種類について紹介しよう。マレーシアの学校制度はまさに多様性にあふれていて、ひと言で説明するのが大変難しい。

マレーシアも日本と同様に公立学校・私立学校があり、さらにインターナショナル・スクール、政府の認可のないフリースクールがある。ここまでは同じだ。

公立学校も複雑だ。民族の言語別に、マレー語学校、中国語学校、タミル語学校などの他、宗教学校の選択肢もある。これらは日本と似た伝統的な教育スタイルで試験も多い。ただし、マレー語が必須になるため公立学校に通う日本人は少ない。教育熱心な華人には独立系と呼ばれる私立の中華学校が人気だ。

マレーシアは、インターナショナル・スクールが多い。ISCリサーチの調査では、2000年にマレーシアのインターナショナル・スクールの数はたった26だった。2010年に66校となり、2017年には126校に増えている。特徴的なのはこれらのインターナショナル・スクールが、英語教育を重視するマレーシア人中間層の選択肢として人気になっていることだ。

現地紙「ニューストレートタイムズ」によれば、２０１７年、インターナショナル・スクールに通う６万１１５６人の生徒のうち、過半数の３万９１６１人がマレーシア人だ。

インターナショナル・スクールにはイギリス式が最も多い。国際バカロレア（世界共通の大学入試資格と、それにつながる小中高生の教育プログラム）やアメリカ式、オーストラリア式、カナダ式、シンガポール式もある。

マレーシアにインターナショナル・スクールが増えたのは、政府の方針で公立・私立学校が、理数系教科をマレー語で教えるようになったことが原因の一つだと言われている。特に教育熱心な華人の親は、英語や中国語を重視する人が多い。そこで、英語が重要だと考える親が、子供をインターナショナル・スクールに転校させてしまったというのだ。一方で政府は２０１２年に、それまで40％とされていたインターナショナル・スクールでのマレーシア人生徒の国籍比率を撤廃した。なかには、政府のカリキュラムで教えていた私立学校が、運営母体も先生も校舎も生徒もそのまま、カリキュラムだけをインターナショナル・スクールに変えてしまったケースもある。

グローバルに通用する人材の育成は、今や教育のトレンドだ。マレーシア政府も積極的にインターナショナル・スクールの誘致を進めている。マルボロ・カレッジやエプソム・カレッジ、ラッフルズ・アメリカンなどのブランドは、政府の協力で誘致されてきた。

さらに政府の認可のない「ホームスクール」と呼ばれるフリースクールがあり、こちらは学費も設備も千差万別ながら、新聞でも取り上げられるほど増えている。教育にも多様性があるのがマレーシアなのだ。

インターナショナル・スクールの学費は千差万別だ。安いところでは日本の私立学校程度（年間100万円以内）だが、高いところだと年間300万円近くなる。我が家は普通のサラリーマン家庭で、しかも私立学校に入れる予定は全くなかったので、最も学費の安い学校に入れることにした。学費は学年により違うが、当時のレートで1年で約60万円ほどだった。

衝撃的だった東南アジア新興国の洗礼

新しい生活が始まった。そして少しずつ知り合いが増えていった。最初に友達になってくれたのは、部屋の仲介をしてくれた不動産屋さん。彼女は最初無愛想だったのだが、契約が終わるやいなや、「じゃ、今日から私たち友達だから」と言って、よく遊びに来るようになった。気がつくと、まわりはローカルないし外国人の友達ばかりになっていた。

学校が始まると、困ったことが起きた。学校のバスが時間通りに来ないのだ。インド人のバス運転手は気のいい人なのだが、とにかくよく遅刻した。理由はいつも「渋滞」だ。バスが遅刻しすぎて、学校に遅れることもしばしばだった。しまいには、バスが来なくて学校に行けない日もあった。とはいえ、「マレーシアでは渋滞で仕事に遅れるのは当たり前」と聞いていたし、他のマレーシア人保護者ものんびりしていて、怒らない。だから私も「遅刻しないで」とは頼んだけれども、「こんなもんなのかな？」と思っていた。

信頼していた学校の事務員が、ある日突然辞めてしまったこともある。マレーシア人のお母さん仲間に話すと「よく辞めちゃうのよ」と言っていて、このときも「そんなものなんだな」と思うことにした。

学校はできたばかりだった。食堂も図書館もなかなかオープンしない。「生徒数が100人を超えたら食堂をオープンします」と言うが、約束はなかなか果たされなかった。ここでの予定はあくまで未定なのだということに、私はだんだん慣れていった。思えばこのころ、私はマレーシアをはじめとする東南アジア新興国の洗礼を受けていたのだ。

登校拒否だった長男が、みるみる元気に

一方、長男は、日本にいたときとは打って変わって、みるみる元気になった。英語もわからないのに学校が楽しくてしょうがない様子で、帰宅後のおしゃべりが止まらない。気がついたのは、インターナショナル・スクールの先生たちが、とにかく子供をよく見ていて、そして褒めることだ。

「お母さん、この学校はね、何もしてないのに子供を褒めるんだよ。ぼくが階段登っただけで、校長先生がクレバーボーイって褒めてくれた！　僕は階段を登っただけなのに！」

と言われた。そんな褒め方ってあるだろうか。

そういえば、英語がわからないのに、どうやって授業に参加しているんだろう？　子供に聞いてみたら、授業中、わからない単語をかたっぱしから全部質問しているという。それではまるで授業妨害ではないか。恐る恐る先生に「うちの子、わからない単語を授業中にいちいち聞いているそうなんですが……ご迷惑ではないでしょうか」と聞いてみた。す

るとイギリス人の先生は、

「質問するのはいいことですよ。実は他にも簡単な英単語がわからない子供がいるかもしれないでしょう。だからいいんですよ」と言う。そんなので、良いのだろうか。

個人面談で「お子さんは、歌が大変上手ですね」と言われたこともある。「音楽の授業の話ですか？（この先生は音楽の担当ではないのに、変だな）」と聞いたら、「いえ、お子さんは授業中にいつも歌を歌っています」と言うので仰天したこともある。「それは授業の妨害にはならないのですか」と慌てたら、「いいんですよ。みんなとても楽しんでいます。私も彼の歌が大好きです」と言われた。これもカルチャーショックだった。

子供に言わせれば、この学校の先生たちは、どんな子でも褒めるところはないかを一生懸命探しているのだという。そして、褒めるポイントがあると見るやいなや、すかさず褒めるのだ。これはこの後の学校生活で、何度も経験することになる。

「先生は毎日教室でバナナとかドラゴンフルーツとか食べているの。そして子供が大好きなんだよ！」

面白い人がたくさんいた。運動会で頑張った子供にお金をあげちゃう校長先生。障害物競走で困っている子供を出て行って助けちゃうお母さん。クレヨンで宿題をやってくる子……。準備していた学校行事が突然延期になったこともある。理由は「準備不足だから」。驚いたが、まわりのお母さんたちも粛々と受け入れている様子。「そうか、マレーシアという国では行事は簡単に延期になるものなのだ」と私もだんだん慣れていった。

先生がほとんど辞めてしまった

新興国の洗礼は続く。マレーシアに来て1年経ったころに、長男の学校にいた西洋人の先生がほぼ全員辞めてしまったことがあった。これにはさすがの私もビックリした。噂《うわさ》によれば、どうも些細《ささい》なことで、学校側とケンカしたらしい。マレーシア人の保護者の一人は、「仕方ない。西洋人の先生はすぐ辞めてしまうのよ」と教えてくれた。先生が辞めるというのも驚きだったが、インターナショナル・スクールでは先生の資格自体が曖昧で、いろんな前職の人が「先生」になっていることも初めて知った。だから自分には先生が向いていない、給料が悪いといった理由ですぐに辞めてしまう。

この学校には韓国人の親子もたくさんいて、日本人の私を仲間に入れてくれていた。ところが、彼らの集まりで、学校への不満が噴出。彼らの何人かは、この騒動で子供を別の学校に転校させてしまった。確かに先生が辞めてしまうのは困ることだ。けれど、辞めたのは教師経験の浅いイギリス人たちだった。先生も辞めるし、韓国人の生徒たちも辞めて転校する。

私も一瞬転校させるか悩んだが、ローカルの友達が特に動じないのを見て、転校させないことにした。そしてそれは良い選択だった。

その後に担任となったインド系の先生は本当に素晴らしい先生だった。厳しくも愛情にあふれていて、私が学校に行く度に、子供の様子を事細かに教えてくれる。子供たちに対するその観察眼は、親の私でも驚くほどで、この先生のもとで、長男はいよいよ安定して授業が受けられるようになった。この先生は辞めずに、今でもその学校にいる。

日本人保護者たちの苛立《いらだ》ちと怒り

このころ、私は日本人とも付き合い始めた。

日本人と再び交流するようになって気づいたのは、韓国人同様、現地の文化に苛立って、マレーシアへの不満を持つ人が多いということだった。みんなが怒るポイントを聞いては、「なるほどそこで苛立つのか」と私は再発見した。「日本の常識」を中心にして考えたら、確かに納得のいかないことばかりだろう。

私はすでにローカルの友達の方が多かったので、悪口を聞くのはいい気分ではない。1年間、マレーシアの環境にどっぷり浸《つ》かったことで、感覚が一般の日本人とズレてしまったことに気がついた。

ここから私が学んだことは、最初は一人ぼっちでいた方が、環境に馴染みやすい、ということだ。日本人同士で、日本の常識と比較する機会がないので、ローカルの常識を素直に「そういうものなのかな」と受け入れやすいのだろう。

日本に来た外国人が同国人だけで固まって、母国語だけで話していたら、日本にはいつまでも馴染めず、日本の風習をおかしいと思うこともあるだろう。松井さんが、最初は一人になれと言ったのは、こういうことだったのかもしれないな、と気づいた。

それに、ほとんどの保護者の目的は「子供の英語力向上のため」だった。だから英語がマレーシア訛《なま》りなことに苛立ったり、マレーシア人の振る舞いを批判したりするのだ。マレーシアが好きで来た私が最初からズレているのは、当然なのだと思う。日本人の多い場所は大きな安心感があった。しかし私がもし、最初に日本人がマジョリティの場所にいて、日本語しか話していなかったら、私も一緒になって不満を言い出していたかもしれない。

小学校をバンバン転校する子供たち

さて、子供たちが頻繁に転校するというのは本当だった。私立学校やインターナショナル・スクールではなおさらだ。インターナショナル・スクールは小学校から高校までの一貫教育が多いのだが、最後まで同じ学校にいる人は少ないのではないか。

複数言語が話されているマレーシアでは、子供の教育言語をどうするのかが重要だ。公立学校ですら選択肢が存在する。公立学校にはずっと同じ学校に通う子も多いが、ジニーの子供たちは、公立学校からインターナショナル・スクールに転校している。彼女の妹一家は、公立学校からホームスクールに移った。

娘に中国語を学ばせたいと中華学校に入れるインド人家庭や、宗教系のインターナショナル・スクールを選択するマレー人家庭もあった。韓国人にも、中華学校とインターナショナル・スクール両方に通わせて、英語・中国語の両方を取得させようとする動きがある。

英語が重要だと考える多くの親がインターナショナル・スクールに子供を転校させてしまったことは前述したが、これを聞いて、「学校の方針が気に入らないから転校する」という考えに驚いた。長男の学校にも、急に別の学校から転入生が数十人単位でやってきたことがある。その学校の方針が変わったことに父母が一斉に反発して辞めたそうだ。

こんな感じで、インターナショナル・スクールに通う親子たちは転校に抵抗がない。毎学期ごとに新しいクラスメートが入ってきて、何人かは辞めていく。転入生が珍しくないうえに、上下関係がないので、上級生と下級生が親友になったりする。「長くいた人が偉い」という考え方がなく、転入生がいじめられる心配もなく、安心して転校できるのだろう。いじめも一部にはあるものの、「学校を辞める」という選択があれば長期化しない。

それどころか、新しい学校ができると、父母の間では「今度できた学校、面白そうだから見に行かない?」と誘い合って見学に行ったりするのだ。

転校先を探すためのインターナショナル・スクールフェア

日本の場合、入学するのは1年生の1学期と決まっている。ところが、マレーシアのインターナショナル・スクールや私立学校では、ほとんどの学校で、空きさえあれば途中入学ができる。そのために、入学先や転校先を探す親向けの「インターナショナル・スクールフェア」という催しが定期的に開催されている。マレーシア人が学校を辞めやすいのは、こうした受け入れ側の体制が整っていることも大きい。

このスクールフェアは、形を変えて年に10回以上もあちこちで開催されており、毎回たくさんの親子で賑《にぎ》わっている。ここで、次に進むべきインターナショナル・スクールや私立学校を探すのだ。入学時にはたいてい、辞めた場合のデポジットの返還について説明がある。学校側も転校希望者が増えたときに備え、クラスを増やしたりして対応している。だから、途中入学のための空きが全くない、というのは一部の人気校に限られる。

インターナショナル・スクールには、偏差値的な「良い学校」というものはほぼない。そして私立学校の経営はビジネス色が強い。不動産会社や運送会社などが、土地を買って

(表2) マレーシアの学校の進学方法

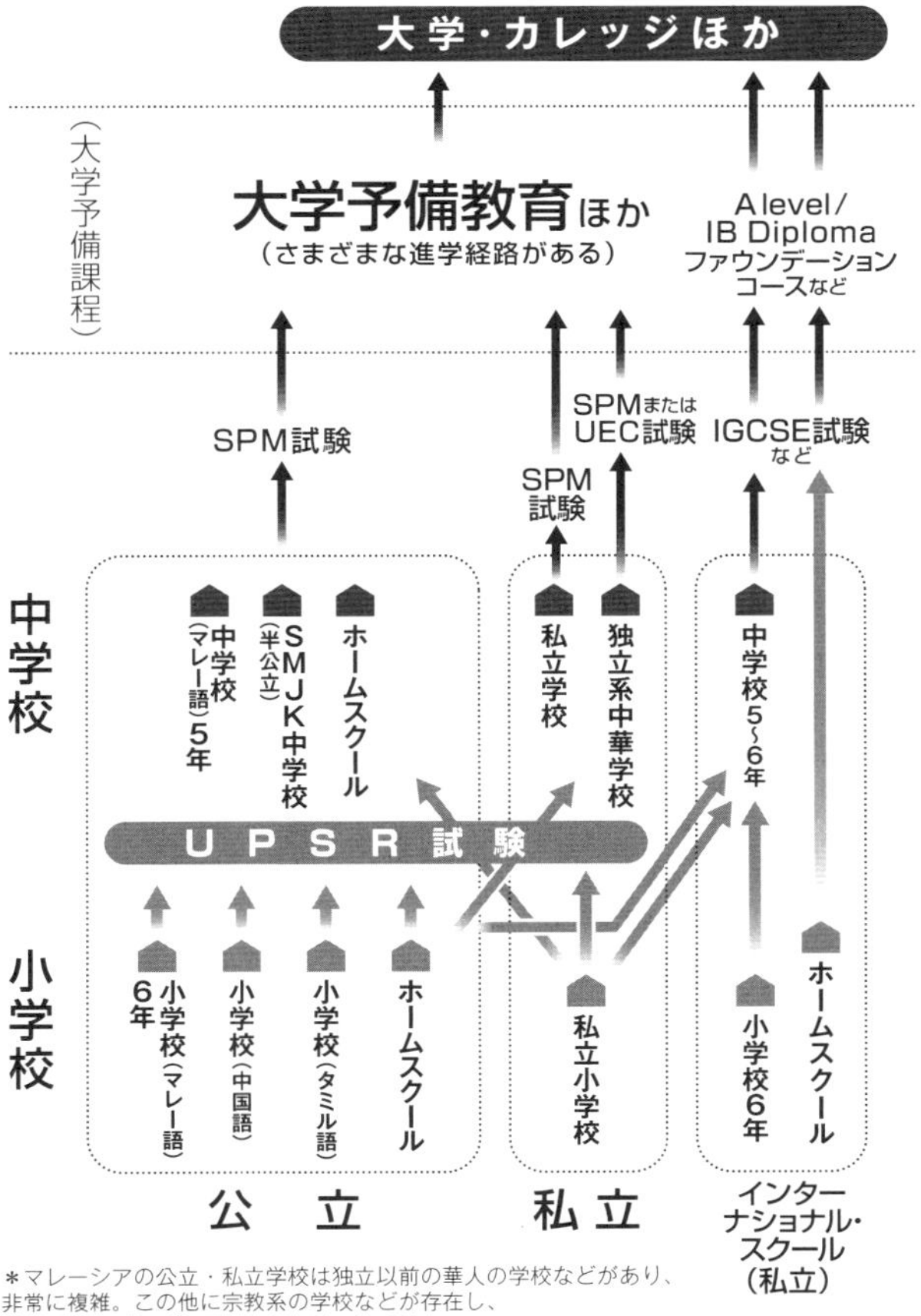

＊マレーシアの公立・私立学校は独立以前の華人の学校などがあり、
非常に複雑。この他に宗教系の学校などが存在し、
進学課程もブミプトラ制度があり一律ではない。
＊マレーシアには各種ホームスクールと呼ばれるフリースクールが増えており、
各種の中等教育認定試験（英国式のIGCSEなど）を受け一定以上の点数を取れれば、
その後の大学予備課程に進み、大学進学できる道がある。
つまり、子供のころから学校に行かなくても大学進学は可能である。

学校を運営するケースもある。さらに、学校許可を取っていないホームスクールがある。学校自体に個性があるのだ。

ではどのように進学するのか。当地で一般的なイギリス式インターナショナル・スクールの場合、小学校から中等教育まではエスカレーター式で上がれることがほとんどだ。

その代わり、日本での高校1、2年にあたる中等教育終了時と、大学進学前の2回に亘《わた》りテストがあり、この成績によって卒業と進路が決まる。この修了試験は、中等教育の修了証明にもなっており、日本のように在籍しているだけで卒業できるシステムではない。だから、中学に入ったあたりで、どの学校も試験を意識したカリキュラムになっていく。

一方で、マレーシアの公立学校は学習言語の違いもあり、非常に複雑だ。大きな違いは、のんびりしたインターナショナル・スクールのシステムに比べると、細かく試験を課すシステムになっており、小学校終了時にもう試験があり、その結果で中学が決まる。マレーシアでは公立学校の方がインターナショナル・スクールよりも勉強すると言われる。また、中華系の競争はかなり熾烈《しれつ》で、私立の独立系中華学校が人気。高級住宅街には家庭教師の車がずらっと停《と》まっていたりする。

落第や飛び級あり。そもそも一斉に学校に入らない

長男が最初に学校に入って驚いたのは、**クラスメートの年齢がまちまち**だったことだ。長男（当時6歳）のクラスには、**5歳で早めに入学した子もいれば、8歳の子もいた。親が子供の様子を見ながら、何年生から学校をスタートするかを決める。**

インターナショナル・スクールでは、学校によって学年の年齢が異なる。**5歳を1年生とする学校もあれば、7歳が1年生のところもある。**A学校で1年生の子が、B学校に行くと3年生になったりするし、新学期の開始時期も1月、4月、8月、9月といろいろだ。**何歳だから何年生、というのが決まっていない。**

ただし進級条件はそれなりに厳しく、テストの点が悪いと、容赦なく留年となる。逆にできる子は飛び級できる。これは実に良いシステムだ。ゆっくり学習したい子、速く学習したい子、それぞれ個性を尊重できる。優劣があるわけではなく、単に学習スピードの違いという考えなのだろう。わからないままで進級させないのは、親切なシステムだと思う。

学校によっては、さらにクラスをいくつかの小グループに分けて、レベル別の授業を行な

っているところもある。こうしたシステムでは、「みんな一緒に入学して、みんな一緒に卒業する」ということがそもそも難しいが、子供にとっては、後れている、置いていかれそうという焦りもなく、のびのびと学べるのではないかと思う。

学校を変わる？　いいんじゃない？

「ハッピーじゃなければ居場所を変える」という考え方は、とても気に入った。だから長男がまたまた「学校が楽しくなくなった」と言い出したとき、「ではどうする？　他の学校を見に行く？」と気軽に聞くことができた。彼が同意したので、近所にある学校を見学しに行った。そして試験を受けて転校することにした。

学校を変えるからには、前の学校を辞めて友達と別れなくてはいけない。もしかしたら、新しい学校に馴染めないかもしれないし、転校を後悔するかもしれない。学校に行くのは子供であって、私ではないので、彼に決断してもらうことにした。

長男が「学校を変わる」と言ったときも、周囲の反応は「ふーん、いいんじゃない？」という感じだった。マレーシア人のみならず、まわりの日本人も同様だった。面白いことに、マレーシアのシステムに慣れてしまうと、日本人の友達も「転校は当たり前」になってバンバン転校するようになっていくのだ。もちろん、転校先の学校に入学金などを改めて払わないとならないのだが……。

マレーシアに来ると日本人も常識がズレてくる。このように、人は環境で考えが変わってしまう生き物なのだ。

子供にとっても選択の連続

自分で学校を辞める、変更する、というのは大きな経験になったと思う。しかし学校を変わらなくても、学校生活では選択の機会が多い。

通っていたインターナショナル・スクールでは、スポーツ大会や遠足、毎年行なわれるボランティア活動などへの参加も、意思表明が必要になる。毎回、「こういった行事があります。出ますか？ 出ませんか？」と聞かれるのだ。全員強制参加ではなく、「行かない」という選択肢があることに私は驚いた。そういえば、最初に通ったインターナショナル・スクールでも、修学旅行は全員参加ではなく、希望者のみの参加だった。

長男は「学校生活は、選択の連続だった」と言う。

遠足ですら、「行きますか？　行きませんか？」と毎回聞かれるのには驚いた。家庭が「この遠足は行かなくてもいい」と判断したら、行かないこともある。長男も学校で行なう旅行に行かなかったこともある。自分の意思で、別の行事を優先させたのだ。絵のコンテスト、理数系のコンテスト、英語のスピーチ……何度も繰り返される「出ますか？　出ませんか？」という質問。全てが選択の連続だ。

学校で、クラス代表（プリフェクト）を決めるときもそうだった。先生から「あなたを候補に選びました。受けますか？　自分で決めてください」と言われ、「イエス」と言うと、見習い期間という形で仕事（朝の時間の出席取りや、読書の指導、学校の課題解決のためのミーティング）をする。そして最終的に「それであなたはやるか？　やらないか？」と、また選択を迫られる。

ユニークな「タレント・コンテスト」

面白いなと思ったのが「タレント・コンテスト」と呼ばれる大会だ。これはマレーシアのインターナショナル・スクールでは非常に一般的なイベント。たいていの学校では、子供たちはめいめい自分のやりたいことを舞台上で表現する。長男の学校では、歌や踊りを披露してもいいし、絵を描いても、手品を見せてもいい。料理を披露するのもアリだった。優勝すると数万円単位のお金がもらえる。アメリカのショー「アメリカズ・ゴット・タレント」の学校バージョンみたいだ。

まずはエントリーするかしないかを自分で決める。エントリーする場合、一人でやるか、友達とグループでやるか、何をするかも決める。オーディションが2回、決勝が1回。外部の審査員の前で真剣勝負する。決勝に残ると、今度は衣装や、当日の進行を自分で考えなくてはならない。

「何をやるか？」「どう見せるか？」「どうやって登場するか？」「衣装は何にするか？」「メイクアップをするか？」「音楽はどうするか？」「照明はどうするか？」

全部自分で決める。絵が得意な長男は、舞台上で絵画を描くことにした。2回の予選を経て、衣装を選択し、舞台の配置を決め、本番を迎えた。ところが音楽の選択を忘れていて、直前に夜中までかかって編集し、先生に渡した。絵の練習はそのぶんおろそかになったが、私は良い学びの機会だと思い、ほぼ手を出さずに見ていた。全て自分で決めて、実行することに意味があると思ったからだ。

決勝の審査員には有名ユーチューバーが呼ばれる。外部審査員を呼ぶのは、公平性のためだ。当日は、緊張のため、うまく演技できない子もいる。繰り返されるオーディションのプレッシャーに耐えられない子もいる。自分がパフォーマーに向いているのかいないのかも、判断できる材料になるだろう。

長男は準備不足で苦戦した。だが、こうやって、自分で選択し、準備し、結果を引き受ける――を訓練できた。「あなたはどうしたいか」を常に問われ続け、そして、その度に、自分の向き・不向きがわかっていく。

なかには、こうしたアクティビティを「勉強に関係ないから無駄だ」という親もいるのだが、私はこれこそが学びだと思う。**自分でやるかやらないかを決めて、挑戦して、結果を引き受ける。その訓練を何度もすると、挑戦することが怖くなくなる。挑戦に慣れてくるうえに、自分の適性がわかってくる。**親が決めるのではなく、子供自身が決めるのだから、子供も納得できる。自分の意見をはっきり言うことが求められるので、自分自身の個性と嫌でも向き合わざるを得ない。「みんなと一緒でいいです」という答えはあり得ないのだ。

長男のインターナショナル・スクールは、授業も多岐にわたっていて、小学生から英語・中国語・マレー語を学び、歴史や地理、ＩＴやプログラミングの時間もあった。体験の数が多いというのは、それだけで価値がある。

クアラルンプールのあるインターナショナル・スクールでは、音楽に力を入れていて、毎年、生徒全員でミュージカルを行なう。その際にはオーケストラから舞台装置まで全て子供たちが担当する。別のインターナショナル・スクールでは、生徒たちのアート作品をオークション形式で売り、売り上げを寄付するというチャリティイベントを行なっていた。

イベントの数と学費の高さは、ある程度比例するが、とにかく子供たちが効率良く、いろいろな経験をできるように工夫されているのだ。これが、適性を探すことにつながっていくのだと思う。

クラブ活動は「続けてはいけない」

マレーシアのインターナショナル・スクールでは、クラブ活動はたくさんのリストから毎年2～3種類を自分で選ぶのが一般的だ。先生が教えるスタイルのものもあるが、多くは外部の業者が来て教えてくれるため、ほぼ有料だ。おかげで、長男が小学校で経験したクラブ活動は、実に多岐にわたる。チェス、サッカー、バドミントン、卓球、アニメーション制作、アート&クラフト、演劇とスピーチ、科学、リビングスキル（木工大工）、ボーイズブリゲード（ボーイスカウトのようなもの）。

一番戸惑ったのは、**毎年同じクラブ活動を続けることが推奨されていない**ことだ。

私は一つのことを続ける方が良いと考えていた。一つのことを長く続けるからこそ、結果として強いチームや個人ができる。私はクラブ活動を一度もやめたことがないし、だからこそ見える高みもあると信じていた。野球だったら野球、サッカーだったらサッカーに集中した方が、強い選手ができるはず。音楽などは積み重ねないとうまくなれないではないか。「長く続けること」「極めること」が大事なはずだ。

ところが、こちらの学校では、毎年、違うクラブ活動を少しずつやることにこそ意味があるというのだ。わけがわからない。

当時取材に行った高級インターナショナル・スクールはもっとユニークだった。1日に2種類、1週間で10種類ものクラブ活動を体験させるのだ。ラグビーが得意な子も、ヴァイオリンや美術をやらされる。水泳が好きな子は、「ではテニスもサッカーも」と他の種目に挑戦させられる。こうして体験の数が増えていく。もし生徒に強い才能や興味が生じた場合には、集中させることもあるらしいが、時にはやりたいことを無視するのだという。

正直、それにどういう意味があるのだろう？と私は思っていたが、この学校を実際に体験した長男の意見は違っていた。新しいことを自分の興味とは関係なく学べる、というのだ。

「僕がクラブ活動で3Dプリンター（アート）をやりたいと言ったら、先生はいつも僕が絵を描いているのを知っていて、君は音楽をやったらいい経験になるよと、ストンプ（リズムを使ったパフォーマンス）を勧めてくれた。自分じゃストンプは選択しないと思ったけど、やってみたら楽しかった。体育も、実際にラグビーをやったら楽しかった」と話す。

つまり、興味のあることを「あえてやらせない」。そのかわりに、新しいことに挑戦させているというわけだ。

「自分にとって、ある活動が、おいしいかおいしくないか、全部トライして味を見極めることができるんだ。喩《たと》えれば、子供は草がたくさん生えている〝可能性〟という宝探しの場所にいるようなもの。本来は（やりたいことを探すのに）まわりの草をちょっとずつ刈って道を開くんだけど、これなら全方面の草を一気に刈ることができる。すると全ての道が見えるようになって、自分に本当に合っていることが見つかる。あるいは僕たちが普段シャベルを使って土を掘っているとしたら、この学校はショベルカーを使っているみたいな感じかな」

これを聞いて、私は、日本の常識とは全く違う考え方をする長男にビックリした。確かに、食わず嫌いというか、やらず嫌いはあるだろう。自分が得意でないことを含め、あえてそれを小さいころに全部体験させておくという考えもアリかもしれない――ようやく、そう思うようになってきた。

穴があくほど子供を観察する先生たち

先生たちが「おたくのお子さん、音楽に向いていますよ」「いい絵を描くのでアート&クラフトを体験させてみてはどうですか」などと、提案してくることが少なくない。

長男は学校に入ってすぐに他のクラスの先生から「この子は演劇に向いていると思うから、ぜひ演劇クラスを体験して」と半ば強制的に決められたこともある。別の先生からは「歌が上手。ぜひタレント・コンテストに出たら？」、その後は「数学に適性がある」など、いろいろな観察を受けてきた。正直、親の私には全くなかった視点である。その度に、**親にはない見方をする大人がまわりにいる**ことのありがたさを感じる。

もちろん、これは先生たちの「その子の良いところを必死で探す」「穴があくほどその子を見ている」という助けなしには難しい。インターナショナル・スクールの先生たちはクラスが少人数のためか、基本的に時間に余裕があり、子供たちを観察することに集中できる。だからこそ、子供たちの適性を見たり、アドバイスしたりできるのだろう。

子供はこれに感激した。「**とにかく、先生たちは子供の良いところを必死に探している感じがする。だからどんなに大人しい子も、シャイな子も、良いところを見つけてもらえ**

る」。そういえば、これは私が日本の保育園で感じた居心地の良さとも通じていた。日本でも幼稚園や保育園では、子供の良いところを見つけて、そこを伸ばそうとしていたはずなのに、どうして途中から、そうではなくなってしまうのだろう。

そういえば、マレーシアのあるインターナショナル・スクールに行ったら、教師が「失敗するのは良いことです」と言っていたので驚いた。子供たちに聞けば、その学校ではスポーツの下手な子に対してヤジることがないのだという。嫌いだったスポーツが好きになった、と話してくれた日本人の子もいた。

子供たちに、「不完全のままで良い」と言ってくれる先生も少なくない。子供が以前、大好きだったインド人の先生からもらったメッセージが、感動的だった。

どうぞ忘れないで。

ただ、あなたらしくいてね。人々にありのままのあなたを見せてね。不完全で、欠点があって、変わっていて、美しい、そしてマジカルなあなたを。あなたには代わりがいないのです。

今のまま、いつもハッピーにしていてね。

子供も「ああ完全じゃなくてもいいんだな」と学んだことだろう。それでいいのだ、と親の私は思う。

お稽古事も気軽にやる

学校だけではなく、マレーシアではお稽古事の費用が安く、気軽に始めたりやめたりができる。長男は学校外ではチェロ、ピアノ、水泳、ムエタイ、プログラミングなどを習った。音楽は1カ月3000円から6000円、水泳やムエタイは1回につき1000円程度と気軽に始められるし、やめるのも気軽だった。

その他の時間はほぼ自由。家では漫画を描いたり、アニメを作ったり、友達と外で遊んだり、一緒に動画を撮ったり、ゲームにハマったり、ゲームを作ったりしていた。料理も好きで、よく台所をぐちゃぐちゃにしてくれた。

また、英語を学ぶことでも世界が広がった。休みになると、親子でフィリピンの英語学校に行った。ここで長男はアメリカ人の先生と意気投合した。先生は長男にも「一緒に本を書こうよ」と勧めてきた。そこで、彼らはしばらく一緒にオンラインで本を書いていた（1章を書いたところでやめたようだが、この先生からはかなり影響を受けていた）。

遊びに行ったカンボジアでは、ヨーロッパ人の芸術家グループと知り合いになった。アニメーション制作者たちが集まって自作のアニメーションの上映会をするというので、長男もｉＰａｄで作った自作のアニメーションを披露したりした。

できるだけ小さいころにありとあらゆる体験をさせ、適性を見るのは良いことだ。私はそう考えるようになっていった。バザーで物を売ったり、大勢の前で芸を披露したりプレゼンテーションをしたり、ユーチューブビデオやアニメーションを作ったり、プログラミング言語のＰｙｔｈｏｎを教えたり、ボランティアで幼稚園児の相手をしたり、聖書を学んだりすると、その度に、「あ、俺はステージでしゃべるのには意外に向いていないな」とか、「ユーチューブ用の映像編集はずっとやっていると飽きる」とか「プログラミングは何時間やってもハマれるな」「楽器演奏は向いていない」など、自分の適性に気づいていく。

小学生・中学生のころからこうした経験ができると、極端なあがり症なのに歌手になりたいとか、動画編集が苦手なのにユーチューバーになりたいとかいうことが減る。自分のハードルが見えてくるのだ。

小さいころ、長男の夢は「科学者」だった。その後、漫画家になりたいと言い出したので、漫画の道具を与えたり、日本に一時帰国したときに漫画教室に通ったりしたが、その後「それほど好きじゃないかもしれない」と気がついたようだ。

学校の課題でユーチューブのビデオ編集をしたときは、長時間の編集作業に飽きてしまったようだった。一方で、ユーチューバーになりたいと公言していた友達は、作業自体を楽しそうにやっていたそうで、「あいつには向いているけど、俺には向いていないな」と言っていた。

これはトライ&エラーを「たくさんやってみる」ということに他ならない。しかし年齢があがると、どんどんやりにくくなると長男は言う。「自分より小さい子がうまくできて恥ずかしい」「今からでは追いつかない気がする」など、いろいろと余計なことを考えてしまうそうだ。

学校に行かず、ホームスクールへ！

ところがその後、「いろんなことをやるのは良いことだ」と言っていたはずの長男が、逆の行動に出た。小学校高学年で突然、数学にハマり「好きなことを追求したいので、（当時通っていた）学校を辞めて理数系を中心とするプログラミング・スクールに毎日行きたい」と言い出したのだ。マレーシアではインターナショナル・スクールの学費が高いこともあり、学校に行かず小規模な塾のようなところで学習する「ホームスクール」と呼ばれるスタイルが流行《はや》っていた。

私は反対した。まだ小学生だし、親としては、可能性（科目）は多い方が良いと考えた。「何とか普通の道を行って欲しい」というのが本音だった。通っているインターナショナル・スクールは人気校で、一度抜けると戻るのは難しいし、本人も不満はないという。変わった道を行くには、親子ともにそれなりの苦労が予測される。

ところが、長男の意志は固かった。私は結局折れて、ホームスクールに行かせることに同意した。

驚いたのは、周囲のマレーシア人の反応が全体に好意的だったことだ。ジニーに聞けば、「そういえば、妹の子供がホームスクールだよ。情報交換したら?」と軽く言われた。フェイスブックには、マレーシアのホームスクールの親たちが集まる場所があり、「キャンプはどういうのに参加させたらいい?」「ホームスクールの子供が通えるスポーツ施設は?」などと活発に議論していた。

長男はいよいよプログラミングと数学にハマり、毎日、遅くまで残って勉強するようになった。もちろん、小規模なホームスクールには、大規模な学校とは違った悩みもある。また「変わりたい」と言い出すかもしれない。でも、きっとこうやって彼は自分なりの「トライ&エラー」を繰り返していくのだろう。子供のうちにこうした体験を積み重ね、自分の道を決めていく彼は羨ましくもあった。

「辞めぐせ」は悪いことなのか

さて、こうやって何でも途中で辞めてしまうと、大人になってからも「辞めぐせ」がつくのでは?と心配する人は多いだろう。そして実際、その通りだ。マレーシアでは多くの人に「辞めぐせ」がしっかりついている。

その後、マレーシアで就職した私が働き始めて驚いたのは、人々がすぐに辞めてしまうことだった。その職場は労働時間が長かったので、入ってくる人がすぐに辞めた。あるときには、翌日から来なくなった。1カ月に10人以上辞めたこともある。理由はさまざまだが、「忙しすぎて家族との時間が取れないから」「ハッピーじゃないから」と軽いのだ。日系企業の人が「マレーシア人はちょっと怒るとすぐに辞めてしまう」とこぼしていたが、これは本当だ。

しかし、それは悪いことなのだろうか。これは単なる「トライ&エラー」の大人版に過ぎないのではないか。結局のところ、適性なんて実際にやってみないとわからない。頭でいくら考えたところで、自分が本当に好きか嫌いかは、大人だって理性だけではわからないものだと私は自分の経験から学んできた。特に職業の持つ嫌な面や、環境に耐えられるのかどうかは、想像力で補うのが難しい。それに辞めてみないと、新しいことを始めるのは難しい。一方で自分の仕事に納得して長く続ける人々ももちろんいる。

羨ましいことに、転職回数が多いことは、この国では大きなデメリットではない。日本のように原則終身雇用制ではないから、中途採用は不利ではない。また、給与はじめ会社自体が与えてくれるメリットもそう大きくない。会社を精神的な支柱にして、人間関係を依存している人は少ないし、会社名をステイタスのように誇っている人もめったに見ない。まず家族があり、友人がいて、その上で仕事があるのだ。

細かい上下関係がないというのも大きい。上下関係が厳しい日本では、1日でも先に入った人が有利だ。マレーシアの日本人社会でも、滞在年数がちょっと長いだけで先輩ヅラができたりしてしまうのだが、先に入った人が偉い、という文化がないマレーシアでは、嫌なことを我慢しながら続けている人が少ないし、辞めることのデメリットが少ないのだから、簡単に辞めるのも当然だろう。

日本人は辞める経験がないから辞め方がわからない

私が「日本ではいじめや過労死で自殺する人がいる」と言うと、マレーシア人にはなかなか理解してもらえない。必ず聞かれるのが「そんなに辛いのに、どうして辞めないのか」ということだ。

私自身「合わないな」「おかしいな」と思いながら、大学のサークルを辞めることができなかったし、保険会社にダラダラとい続けてしまった。向いていないのに、周囲には「5年は続けなさい」と言われ頑張ってしまった。それまでの人生で、寄り道や途中で辞めるという経験がなく、どう辞めていいのかすら、わからなかったのだ。

「石の上にも三年」と言われるように、長く続けて初めて見えてくることも確かにあるだろう。ただし、私があのまま大企業にいたら、ストレスと退屈さのあまり、他人を攻撃する側に回っていたかもしれないと思う。おそらく、すごく嫌なお局《つぼね》になっていただろう。自分の人生をあきらめ、辞めようとする人の足を引っ張って、意地悪したり他人の粗探しをしたりする人生だったかもしれない。

だから、「合わないな」と思ったら辞めるという選択肢はあった方がいいと思う。

私の場合、今思えば小さいころの「挑戦」「挫折」の経験が少なすぎた。**中学、高校、大学と、寄り道や途中で辞める経験もない。自分で「何かを選んで失敗する」という経験もほとんどしていない。「自分と向き合うこと」を小さいころに済ませておかなかったツケは大きかった。**

自分が親になってわかったが、親は「うちの子には野球やらせたいなー」「ピアノが素敵」なんてテキトーなノリで子供の習い事を決めていることが多い。だから親が選択しなかったものは、下手すると一生やらないままになる可能性がある。その意味で、小さいころにたくさんの経験をさせて、自分が何者なのかを知るという訓練は悪くないと思う。勉強もいいが、「自分を知ること」はとても大事だ。魚に木登りを教えてもしょうがない。そしてそれには、遠回りなようだが、実際に本人がいろいろやって感じてみる他ない。そのうえで合うものを選んでいく、合わないものは捨てていく作業をした方が、人生はよりハッピーになるのではないだろうか。

途中で辞めることを想定していない日本社会

以前、日本の大学関係者に「なぜ日本の大学では全員卒業させることを前提とし、落第や留年をさせないのですか」と質問したら、「中退した人たちの受け皿がないんです」と言われたことがある。社会の側が途中で辞めることを想定していないため、辞めさせられないのだ。

これは日本社会の大きな特徴だ。一斉に入学し、一斉に卒業し、一斉に就職する。**入学して途中で辞めると、受け入れ先の選択肢が極端に少なくなり、多くの場合は不本意なところでも行かざるを得なくなる。こうした社会では学校ですらトライ&エラーができない。**

小学校では、まだその子の適性もわからないうちに、その後6年を決定しなくてはならない。入ってみて「あれ、ちょっと違うな」と思っても、その後の行き先がない。物差しは成績とスポーツくらいしかなく、一度走り出すと後戻りできない。「本人に何か問題があったから辞めたに違いない」と「途中で辞める」ことに偏見を持つ人も多いので、何かに新たに挑戦しにくいのだ。

クラブ活動やお稽古事ですら、一度始めたことを途中でやめない人が大勢だ。多くの人は、幼いころに親が勝手に決めた習い事を律儀にやり通すことになる。適性があって楽しめれば良いのだが、そうでない人たちは苦しい。

マレーシアの教育関係者は「**良い学校があるわけではない。その子に合う学校があるだけだ**」と話す。インターナショナル・スクールの入学試験は厳しくないところも多く、多くの学校でそれなりにできる子、できない子が混在する。

親の仕事は子供の適性に合った学校を見つけて入れることだ。ジニーの３人の子供たちも同様で、上の二人に合っていた学校は、下の女の子には合わなかった。すると、親は「この子にはここは合わないな」と他の学校を探す。そこに優劣はない。

日本の小中学校を経てマレーシアのサンウエイ大学に通う土戸悠生さんは、「日本にいたときは自分の時間を生きられず、自分の好きなものにすら気づけなかった」と言っていた。「**中学の進路相談の先生は、偏差値を見て、君の学力ならこの高校じゃないかと言った。要するに成績だけで、個人を見てないんです。受験もそうで、大学で何を学びたいかは関係ない。就職活動も企業に入るためで、入り口しか見てない。マレーシアでは個性を認めてもらえるので、自分の『好き』に向き合えるんです**」と言う。

教育の役割は人生の目的を見出《みいだ》すこと

冒頭でも紹介したように、２０１８年６月に「多くのひとは『辞める練習』が足りてない」とツイッターに書いたところ、「私も会社を辞めたいが勇気がない」「やりたいことがわからなくて苦しんでいる」という人たちから大きな反響があった。

実際に、日本からマレーシアに来る学生たちと話していると、「やりたいことがわからない」「自分が何をしたいのかわからない」ことで苦しんでいる人が多い。KNAIN MALAYSIA社代表で、マレーシアでのべ1500人ほどの学生のサポートをしてきた石川徳仁《のりひと》さんは、「マレーシアに来ている学生のうち、90％の子が自分のやりたいことがわかっていない」と話す。それは私も通った道なので、嫌と言うほど理解できる。

これは何も学生だけの問題ではない。日本社会では、この適性を知らないままに一生を終えていく人も少なくないのではないか。もちろん、新卒でサラリーマンとして就職し、配属された場所で楽しむことができる人は問題ない。しかし、一方で熾烈な学歴競争を経て一流企業に就職したのに、何かが違うと苦しんでいる人もいる。

元参議院議員で、現在、国立シンガポール大学・リークワンユー公共政策大学院兼任教授の田村耕太郎さんは、「教育の大事な役割は人生の目的を見出してあげること～本当の自分と向き合うことの大切さ」と題して自身のメールマガジンにこう書いている。ご本人の許可を得たので紹介する。

私の人生の最大の後悔は「自分と向き合う」ことに時間がかかったことです。見栄やプライドや持てあますエネルギーから来る闘争心が「真の自分」と向き合う作業を常に邪魔していました。そして欲望の激突する金融界やメディア界や永田町に「お子ちゃま素人」として存在していたので「軸がなくフラフラ」していました。（中略）

シンガポールに移った当初は時間もあり、友達も少なく、幼い子供もいて、この幼い子供のことを想《おも》う気持ちが自分と向き合わせてくれました。いくら人生が長くなるといっても50年以上もまともに自分と向き合えず何となく生きてきているような人生は、もう自分はしてしまったのでそこから何とかするしかないが、娘にはもっと早く何かが見つかるようにしてあげたいな、と南国で常にボーっとしながら真摯に考えていました。

うざがられるほど娘の行動を注意深く見て、色んな習い事に連れて行って、ほかの国や場所にも連れて行って、みています。もちろん子供なので好きなものもどんどん変わりますが、プライバシーは尊重しながらも、やはり注意深く見ていると一定の方向があるようなものもあります。かなりのおせっかいです。でも娘の学校の先生も全く同じやり方で一人一人をよく見てくれています。先生が伝えてくれるのは成績ではなく「こんなことに今日は打ち込んでいたよ」との報告です。

私もマレーシアで全く同様の経験をしてきたが、こうして「**いろんなことをさせて、子供の反応をみる**」**大人が、子供の成長には必要**なのではないだろうか。

日本の学校は「我慢の練習」をするところ

日本の学校は「辞める練習」は教えてくれない。では、教えていることは何かといえば、「我慢の練習」なのではないか。あるいは「自分がやりたくないこと」や「非効率なこと」に耐える練習だ。

日本の学校の勉強に対し、「将来何の役に立つの？」と思ったことはないだろうか。自分自身、高校生活の最後に半年ほど受験勉強をやってみて思ったのは、「これはこういう種類のゲームなのだ」ということだった。一見無駄に見える知識を効率的に覚えるというゲーム。だから、英語も数学もかなり非実用的だ。

給食当番や掃除当番も、別に掃除や食事配膳の手順を教えているわけではなく、集団で我慢して行動することを教えているのだ。だから、給食当番をやっても男性の家事能力に結びつくわけではないし、家事をやらない日本人男性は相変わらず多い。

一流大学に行った人の多くが、実はこのゲームの存在に気づいていると思う。彼らは、無意味だなと思いながらそれを実行できる人たちなのだ。やりたくないことも、クールな顔して効率的にやっちゃえる人。好きか嫌いか、必要か不必要かは度外視して実行できる人。だから、有名大学の学生は頭がイイというよりは、一定の「我慢ができる」人たち。無意味だなと思うことを覚えたり、わけのわからないルール、非効率的なことに耐えられる人材なのだ。そして、これはこれで価値がある。

実際に会社に入ってみると、理不尽さにビックリする。4年ごとに転勤があり、住むところも選べない。私がいた会社には朝礼や社歌、よくわからないルールが山ほどあった。上司は理不尽な要求をし、男性社員は無意味に怒鳴られる。サービス残業は当たり前で、業務に関係ない飲み会が頻繁にある。女性社員だけがお茶汲みを命じられたりする。

こういうのに耐えるメンタリティを作るには、日本の学校教育はうまく機能していると思う。自分の頭で考えて「課長、それは違うと思います」という人は、会社にとっては面倒くさいのだから。従来のようなサラリーマンになる人は、今の学校で良いのだろうし、一生それでハッピーな人もいるわけで、これはこれでアリだ。日本式終身雇用は崩壊する、と言われるが、仕事にはいろいろなものがある。こういった人々の需要もまだまだあるのではないか。

〝プロフェッショナル〟がそんなに求められていない

さて、「辞める」ことが当たり前になると社会はどうなるのか。

「そんなにちょくちょくと職を変えたら、プロフェッショナルが育たないのでは」という人が日本人には多い。もっともな指摘だ。実際、マレーシアではプロフェッショナルに期待されるハードルはそんなに高くない。

医者や弁護士などの資格はイギリスと変わらないし（マレーシアは英連邦の国なので、資格制度は共通している）、公務員や国営系の会社などで、長年、同じ仕事をする人もいる。会社経営をする人も多い。しかし一つの会社に長く勤めたり、何かを極めたりするという人の割合は、日本に比べるとずっと少ないはずだ。そもそも、そんなに〝プロフェッショナル〟でいる必要が本当に全ての人にあるのだろうか？

子供のお稽古事の先生を見ていても、本業が学生だったりというのはざらにある。マレーシアではサラリーマンの価値は大して高くないし、ダブルワークをしている人も多い。デザイナーとジムのインストラクターの二足のわらじを履いている人もいるし、友人は新聞記者をしながら、屋台で食事を作っていたりする。

やめるのが簡単だからか、何かを始めるのも気軽だ。40、50代で新しい仕事を始める人も少なくない。40代の主婦の友人は、肥満解消のためにジムに入り、ダンスに夢中になった。それまで運動経験はゼロだったらしいが、あまりに夢中になりすぎて、いつのまにか資格を取ってジムの先生になってしまった。

ダンスを始めて1年程度の彼女が先生になりたい、と言ったときに周囲はビックリしたけれど、「そんなの無理だよ」という人はいなかった。それどころか、彼女の夫は、子供がいるけど夜も外出できるように、お手伝いさんを雇って彼女をサポートした。私はすごい世界だな、と感心した。

起業も気軽に行なわれている。マレーシアではスモールビジネスを持っている人が多い。

たわしを作って売ったり、自分のブランドの飲み物を売ったり、化粧品を輸入したり、ビジネスを始めるのも早いが、撤退するのも早い。小さなトライ&エラーをしているのだ。

やめることができる社会では、始めることも気軽だ。チャレンジするのはいいことだ、と思っている人が多いのだと思う。だから、日本の職人のように、一つのことを何十年も続けています、という人はあまりいない。日本の「何かを職人的に突き詰めていく」能力は突出している。そんな日本から学びたい、と願うマレーシア人もたくさんいるが……。

ある程度楽器ができれば音楽教室の先生にはなれるし、体についての知識がなくてもジムのトレーナーはできてしまう。お互いに友達のように接するので、欠点を追及したり、間違いに怒ったりする人の数が極端に少ない。それでも社会は普通に回っている。

銀行は土日も夜もATMを利用できて日本より便利なくらいだし、Grabや「サービスヒーロー」など、マレーシア発のIT企業も登場し、ここ数年GDPは4~8%の伸びで推移している。日本に旅行する中間層が増え、旅行博覧会では日本ブースが盛況を呈している。

我慢を美徳とし、努力し続け、長年一つのことを続けて頑張っているのは日本の方なのに、のんびりしていて、家族を大事にして、すぐに仕事を辞めてしまう人が多いマレーシアの経済力を目当てに日本企業が進出してきている。そして「もう日本市場はダメだ。アジアの時代だ」と言う。

「お金がないから子供が産めない」と嘆く日本人を尻目に、マレーシア人の中間層は子供たちを海外で勉強させる。ちなみに私の家に来ているインド系のメイドさんも、子供をオーストラリアに留学させている。

どっちが幸せなのだろうか。私は、この事実を前にしてわけがわからなくなる。

第3章　寛容な社会は居心地がいい

自販機で小銭がない人を見たらお金をあげる人が96%

マレーシアにいると見知らぬ人から親切を受けることが多い。階段で重い荷物を運んでいたら、すっと手を貸してくれる人がいる。エレベーターの中、電車の中、レジで並んでいるとき、よく話しかけられる。マレーシアは、実はイメージに反し、治安はあまり良くない。しかし他人同士の雰囲気は驚くほど和やかだ。

定員いっぱいのエレベーター。乗ろうとした華人の女性が〝Can ?〟（入れる？）と聞いたら、そこにいた大勢が同時に〝Can Can～!〟（入れる入れる！）と言って、それをきっかけに会話が始まったこともある。

車のタイヤがパンクして、駆け込んだ先が洗車屋だったことがある。「洗車屋だから、本来パンクは直せないんだけどね」と言いながらスペアタイヤをつけてくれた。さらに「お金いらないよ」と言われて驚いた。運転が下手な私が狭い路地にはまって困っていたら、近所の人が家から出てきて、車に乗って動かしてくれたこともある。

東京だと、知らない人から声をかけられただけで身構えてしまうが、ここではつい警戒を怠ってしまう。別に日本人だから、外国人だから親切にするわけではないようだ。誰にでも（清掃員にも、ウェイターにも）親切にするのがこっち流なのだと言われたこともある。

実際のところ、マレーシア人はどの程度親切なのか。2017年にマレーシアのウェブマガジン「チリソス」が「マレーシア人の親切度調査」を行なった。セランゴール州、クアラルンプール、ペナン州、サラワク州、ペラ州の3500人に行なったアンケートだ。最初の質問は「電車やバスのチケット販売機に並んでいて、小銭がなく困っている人を見たら、あなたはその人にお金をあげますか？」。

マレーシアでは、自動販売機にお札がなかなか入らずに苦戦していると、後ろの人が「これ使って！」とお金をくれることがある。

この質問に対する答えは「はい」が96％にのぼった。つまり、無視される確率はたった4％だ。

回答者のうち52％がRM1（1リンギット＝約27円）以下ならお金をあげると答え、42％がチケット金額にかかわらずお金をあげると答えた。ちなみにあげない人4％のうち3％が「NO」と答え、1％は英語が話せないふりをすると答えた。「チリソス」では「結果はマレーシア人はフレンドリーなだけじゃなく、温かい心を持っていたことを証明した！」とまとめている。

また「もし知らない人とエレベーターに乗り合わせたらどうしますか？」という質問に対しては、「微笑《ほほえ》む」が62％、「目をそらす」は27％、11％は「グッド・モーニングという」だった。この調査によれば、自らを「フレンドリーではない」と認めるマレーシア人は36％だったことがわかった。

この調査はメディアの質問に積極的に回答した人が対象なので、少し差し引いて考える必要があるかもしれないが、同じ調査では道に迷った観光客を無視するのは1％だけという調査結果も明らかになっており、比較的「フレンドリーなマレーシア人」の姿が浮かび上がってくる。

「見知らぬ人」に親切なマレーシア人

マレーシアでは寄付やボランティアに熱心な人をよく見かける。知り合いのムスリムもキリスト教徒も、年中チャリティに参加しているし、モスクや教会のイベントに参加したり、道で物乞いに寄付したりと、日常的に赤の他人をよく助けるのを見かける。この親切さが、マレーシアの寛容さを生み出しているのではないかと思う。

2015年のCAF（Charities Aid Foundation）の「世界寄付指数」（World Giving Index）によれば、マレーシアは最も寛大な国の一つとして10位にランクインしている。この指数は「寄付金」「ボランティア時間」「見知らぬ人を助ける」の3つのスコアで決められる。マレーシア人はこのうち「見知らぬ人を助ける」率が62％と高く、寄付も58％と高かった。ちなみに1位はミャンマーだった（55％と92％）。

子育て中の人がマレーシアに来ると、助けてもらえることを実感できるかもしれない。電車に乗っている子連れが席を譲ってもらえることは少なくないし、子供を温かい目で見てくれる人が多い。

日本はこの指数では102位だが、金銭的な寄付やボランティア指数は比較的高い（それぞれ83位と44位）。ただし「見知らぬ人を助ける」指数が137位で、世界ワースト9位だった。

しかし、では日本人が不親切かといえばそうではない。マレーシア人からは「日本人は丁寧でとても親切」と絶賛されることが多い。実際、お店の対応は非常に丁寧だし（マニュアルに沿ったものであろうが）、個人個人の親切ぶりは、日本人もマレーシア人も大して変わらないと思う。

ところが、ランキングに表れているように、日本人とマレーシア人では、「見知らぬ他人」への態度が極端に違う。乱暴に言えば、「他人を敵と見る日本人」という感じだ。

『安心社会から信頼社会へ――日本型システムの行方』（山岸俊男・中公新書）では、日本人がどのように人を信頼するかの説明がある。これは約1600人のアメリカ人と約2000人の日本人に対して行なった調査だが、紹介されているので引用する。

「たいていの人は信頼できると思いますか、それとも用心するにこしたことはないと思いますか?」という質問に対する回答を比較してみると、アメリカ人の四七%が「たいていの人は信頼できる」と答えているのに対して、日本人回答者で「たいていの人は信頼できる」と答えているのは二六%に過ぎません。（中略）この日米差、つまりアメリカ人のほうが日本人よりも他者一般を信頼する傾向が強いという結果は、この質問だけではなく、他の質問に対する回答の日米差とも一貫しています。たとえば、「他人は、スキがあればあなたを利用しようとしていると思いますか、それともそんなことはないと思いますか」という質問に対して、「そんなことはない」と答えている回答者の比率は、アメリカ人では六二％いるのに対して、日本人では五三％で、やはりアメリカ人のほうが日本人よりも他人を信頼する傾向が示されています。

「人を見たら泥棒と思え」などのことわざにも表れているように、日本には「どこの馬の骨かわからないよそ者」を極端に警戒する性質があるのかもしれない。

しかし、日本に旅行に行ったマレーシア人の中には、日本人の親切さに感激したという人も多い。明らかに旅行者とわかっている場合とか、相手が誰であるかわかれば、親切に振る舞うということだろう。また、同じグループ（クラスや会社）などでは、立場に応じて丁寧に、礼儀正しくなる。

ところが、例えば東京の駅で重い荷物を運んでいる人に対し、手伝ってあげる人は少ない。余裕がないというのもあるだろう。日本人同士でも、同じクラスの子でもグループが違うと話さないとか、外国人に対しても、「旅行者」という枠を離れ、日本の住民になった途端に向ける目が厳しくなるのではないか。

相手の属性にこだわらない

一方、マレーシアでは国籍を知らないまま、友達になってくれる人が少なくない。私が通っているジムでも、付き合って半年くらいしてから、「あなたって日本人だったの！」と言われたことがあった。日本人にとっては重要なファクターである「人種」ですら、あんまり気にしていないようなのだ。

オーストラリアのモナッシュ大学マレーシア校の渡部幹《わたべもとき》先生は、マレーシア人は相手の属性ではなく、本質的な人間性を見る人が多いと話す。

「多人種多宗教の上、共通コミュニケーション言語が第二外国語の英語しかない環境では、相手の所属や人間関係を知ったところで、あまり参考にはならない。今目の前にいる相手をその場で知る必要がある」というわけだ。

もちろん、マレーシア人の中にも属性を気にしたり、同じ人種としか付き合わないというタイプも少なくない。ところがこういう人たちと付き合うと、初めは人種だけを気にしていたのに、「同性じゃないとダメ」「若すぎたり年寄りすぎる人はダメ」と、どんどん付き合いを狭めていくことがある。細かい「違い」に注目し続けて「違うから仲間じゃない」と相手を排除し続ける限り、その連鎖は終わらないのかもしれない。そして、中身を見ていないので、大して気が合わない人と付き合い続けていたりする。

だから、私は「あなた、日本人なの？　じゃあ仲良くしましょうか」と言ってくる人に対しては少し警戒する。その人は私自身を見ず、単に属性を見ているに過ぎないからだ。

先の「チリソス」による3500人のマレーシア人への調査には、「マレーシア人は見知らぬ人を助けるとき、人種、社会階級および宗教を気にしていない」という結果が紹介されている。知らない人を助けるときに、人種を見る人は8％、社会的階級を見るのが5％、宗教を見るのは3％。残りのほとんどの人は「気にしていない」というのだ。記事は、「マレーシア人は最も重要なときにはヒューマニティーへの信頼を回復できるのだ」と締めくくられている。

嫌になったら友達をやめられると、安心して人間関係を広げられる

知日家のマレー人、サヒポール・ニザム・ビン・モハマド・ナジルさんは「マレーシア人はすぐに友達になってくれるんですよ！」と「東洋経済オンライン」での取材で言っていた。そういえば、私がマレーシアに来たのも、インターネットのチャットで知り合ったジニーが、いきなり「日本に行くから会おう」と言ってきたひと言がきっかけだった。当時の私はネットで知り合った人と「会う」ことに抵抗があり、ビクビクしながら待ち合わせ場所に行った。

別のマレーシア人同士を引き合わせたら、翌週には一緒にシンガポールに旅行をしていたのには、心底驚いた。仲良くなるスピードが速いのだ。「速すぎじゃないの？」と思ってしまったほどだ。

HSBC銀行が2017年に行なった駐在員2万7587人を対象にした調査によれば、回答者の61％がマレーシアで友達を作るのは容易だと答えており、それは世界平均を上回っているという。

人間関係のトライ&エラーができるのは、大きなメリットだ。日本のお母さんたちが「公園デビュー」に苦しむのは、日本での人間関係において「最初」が肝心だからだろう。保育園でも後から入ってきたお母さんたちは、なかなかグループに入れなかったりする。

一方で、人間関係がいつでも始められるということは、今ある人間関係にさほど固執しなくて良い。これはやってみるとわかるが、人間関係の自由度を高めてくれる。嫌ならいつでもサヨナラだ。仕事上だろうが、日常生活だろうが、会った人が友達になる可能性を秘めている一方で、いつでもやめられるというのは、大きい。

そうなると、好きでもないママ友同士でいやいや付き合ったりする必要がない。嫌になったら友達をやめる、という選択肢があるからこそ、言いたいことも言えるし、安心して人間関係を広げることができる。

完璧な商品を好む日本人

マレーシアで、日本人を相手に開業したはずのサービス業の人が、「もう日本人のお客さんではなく、ローカル相手に商売したい」と言うのを何度も聞いてきた。ローカルのお客さんの方が、細かい注文が少なく、クレームもほとんどない上に、金払いが良いと言うのだ。

あるマレーシア人のビジネスマンは、「日本のお客さんは細かいことを心配して何度も電話してきたり、きめ細かな対応が必要になったりする。けれども信頼はしてくれないんだよね」と言う。クレームも多く、事前に用意する資料も慎重にそろえる必要がある。つまりその分、コストが高くなってしまう。細かいところに気がついてしまう人が多すぎるということなのだろう。

とはいえ、日本のメーカーの製品に対する圧倒的な信頼感は、この「小さなミスも許さない」体質から来ている。だから私も家電は日本製品を使うし、車もお金があれば日本車を買う。良い面も多分にあるのだ。ところが、裏を返せば、関わっている人間も細かいミスが許されなくなり、結果としてストレスが溜《た》まることになる。良いところと悪いところは、結局表裏一体なのだ。

とある電機メーカーの人が昔、「細かい注文の多い日本人を相手に商品を作っていたら、とても世界のスピードと量には対応できない。韓国メーカーは最初から世界向けに単純な製品を出せるから強い」と言っていた。当時、日本メーカーの勢いはまだあったのだが、図らずも10年以上経って、それが証明されつつある。

完璧なサービスが人を苦しめる

日本の職場がなぜ大変かというと、要求が高い上に完璧を求めるお客さんが多すぎるからだろう。お客さん全員に怒られないように仕事しようとすると、手間が増えて、結局、労働時間が長くなる。

最近、何かにつけて、労働環境が過酷すぎる、人手が足りない、余裕がない、という話が出てくるが、つまるところは一人一人の要求水準が高すぎて、全員に合わせているうちにサービスが肥大化してしまうからなのではないだろうか。マレーシアでのサービスはもっと簡素で無愛想だが、その分、融通がきく。

実は、のんびりに見えるマレーシアだが、仕事をしてみると、現地企業の意思決定のスピードは速い。ミーティングでの懸案事項があると、その返事はだいたい当日に来る。最初のミーティングで決まったことは、次回にはすでに実行されている。マレーシア人との仕事の打ち合わせチャットは、たいてい、顔文字を使いながらフレンドリーに進む。「こんなことを書いたら失礼かな?」と心配する必要がほぼなく、前置きなしに仕事の本題に入る。2018年の政権交代後、消費税の廃止もあっという間だった。

日本の場合、「持ち帰って検討する」のが当然だ。その後、リスクを各部署が事前に慎重に判断し、大勢の人が納得した上でようやく仕事にかかる。全ては「間違いが起こらないように」事前に検討される。さらに前述したように、やり取り自体がやたら丁寧なので時間がかかる。つまりミスは少なくなるが、スピードが遅い。広告業界などを見ていても、お客からの細かい直しが多い。さらには最後になって偉い人が出てきて「全部やり直し」とひっくり返したりもする。これではいくら企業が残業を減らしたくても直らないだろう。

もちろん、この精密さこそが日本製品のブランドを作り上げてきた。だが、本当に全ての業種でそこまでの丁寧さが必要なのか。それは家族や生活を犠牲にしてまで達成するべきもので、それによって、私たちは幸福になっているのか。

この現状を変えていくには、私たち一人一人が、サービスや品質に対して寛容に、テキトーになっていくしかない。もちろん、古き良き日本のサービスもどこかに残せばいい。

けれど、全員がそこにこだわる必要も余裕も、もうないのではないか。もっと気楽に、東南アジア流にいきたいという人のためのオプションはあっていい。

東南アジアでは信号機が壊れていたり、コンビニの店員さんが携帯をいじっていたり、楽しそうにおしゃべりしていたりする。こういうのにイライラしなくなる人が増えると、きっと何か変わっていく。実はこれ、私たち一人一人の問題なのだ。全員が寛容になったら社会は変わるだろう。

嫌がらせを受けないマレーシア人インフルエンサーたち

仕事柄、マレーシアのブロガーなど、いわゆるインフルエンサーたちと旅をする機会が多い。多くの人が自分の顔を出して活動をしていて、顔を出していない人は実に少数だ。彼らは毎回、居場所を明らかにした上で、泊まっているホテルから生中継したりして自らの幸せそうな姿をバンバン撮って、アップする。日本の感覚で見ていると、あまりにも無防備だ。

長年不思議に思っていたので、彼らに会うと「読者から嫌がらせされたり、ストーカーされたりすることはないのか？」と聞いているが、その結果わかったことは、ビックリするほど嫌がらせが少ないことだ。もちろん、ゼロではないけれども、私の経験からすると、驚くほど少ない。

ある若い華人女性ブロガーは、「顔を出して5年活動しているけれど、ストーカーはゼロ」とのこと。読者から嫌なコメントがついた経験も全くないという。ちなみに彼女は英語で発信しており、読者はマレーシア人以外にもいるそうだ。

別の女性ブロガーからは、「嫌がらせは一度もない。ネガティブなコメントをもらうこともない。いったいどういうこと？　意味がわからないから、例を教えてくれる？」と逆に質問されてしまった。日本の例を説明したのだが、「まさか礼儀正しい日本人がそんなことするはずない。だいたい何のためにそんなことするの？」と全く信じてもらえない。もし私にアンチができたら、例として紹介させてもらおうと思っている。

10万人のフォロワーを持つムスリムの女性インスタグラマーにも聞いてみた。彼女はマレー語で発信している。「ストーカーは今一人いる。彼はインド在住の人なの。だからマレーシアでは問題ない」とのこと。過去もストーカーっぽい人は数人はいたが、いずれも大きな問題ではなかったそうだ。いずれも熱狂的なファンで、いわゆる嫌がらせはほとんどないという。

私が、フォロワーの多いインフルエンサーは、日本では嫌がらせされることがある、と言うと、みな一様にビックリしていた。気になったので、マレーシアで活動するよしもと芸人のKLキンジョー氏にも聞いてみたが、彼も「マレーシアでは全くと言っていいほど、嫌がらせがないですね」と言う。彼は日本では嫌がらせやストーカー行為を受けていたことがある。

まるで全く違う世界が二つあるような感覚に陥る。

ビックリするほど「怒らない」人々

マレーシアに来て楽なのは、街中で怒っている人を見ることがほとんどなくなったことだ。私自身はここ1年ほど、日本人くらいしか怒っている人を見ていない。怒号を聞くことも、小言を言われている従業員を見ることも滅多にない。街中で街宣車ががなり立てているのを聞くこともほぼ皆無だ。マレーシアといえば、「寛容性」というキーワードで紹介されることが多いくらい、本当にビックリするほど怒らないのだ。

ジョホールバルの空港で、ヘイズ（煙害）のため、飛行機が6時間も足止めになったことがある。いつ出発するのかは、誰に聞いてもわからない。代替のバスなどもない中、ビジネスマンも大勢足止めされて、空港は待つ人がいっぱいになってきた。ところが、誰も怒り出したりイライラしたりしない。そのうち、空港のラウンジが開放されると、知らない人同士でのんびり名刺交換が始まった。一緒にコーヒーを飲んだりして、実に和やかな雰囲気。私も出張中のマレーシア人ビジネスマンのチームと仲良くなった。

よく考えたら、不可抗力で飛行機が止まっているのに怒ること自体がおかしいのだが、日本なら定期運行しない交通機関にイライラしたり、クレームを言ったりする人が出てくるだろう。空港職員も無駄に怒られないので、別に「ご迷惑をおかけします」などと謝ることもなく、無愛想に淡々と仕事をしていた。ちなみに、このときに仲良くなったマレーシア人ビジネスマンたちとは、今でも関係が続いている。

怒る人だけが損をする国

マレーシアやフィリピン、タイなどの東南アジアでは怒ってはいけないと言われる。例えば、在フィリピン日本国大使館の「フィリピンにおける安全対策」には以下のような一節がある。

フィリピンにおいては、相手が誰であっても、公衆の面前で罵倒し、恥をかかせるといった行為はタブーとされています。たとえ自分の家族に対する暴力的な言動であっても、周囲からいやがられます。（従業員を他の従業員の面前で叱責したために暴行・脅迫を受けた例や、自分の配偶者や子を叱っていて他人から訴えられた例もあります。）

これは程度の差はあれ、東南アジア全般に言える傾向ではないか。

マレーシアでも、怒ると本当に損をする。私自身、来たばかりのころは、東京でやっていたように、あちこちで怒りを爆発させては、ひんしゅくを買ったり、人間関係を断絶させたりと、痛い目にあってきた。もちろん、中華学校などに行くと、昔ながらの怒りっぽい先生はたくさんいるのだが、その先生たちが哀れみの目で見られているのも目にしてきた。怒りっぽいと損をすることの方が圧倒的に多いのだ。

「正解」がたくさんある世界

こう書くと、「そんなのは正義ではない。悪いことをしたら叱られて当然ではないか。何のお咎《とが》めもないのはおかしい」と怒る人もいる。私も最初はそう思っていた。

ところが、マレーシアのような多文化の社会では、「正義」の数が一つではない。そもそも「何が正しくて」「何が間違っているのか」が曖昧だ。時間の感覚にしてもそうで、「お茶でも飲んで、世間話をしながら、ゆっくり仕事をするのがマレーシア流です」と断言する人もいる。

これは、**日本人しかいない環境で、国語の時間に登場人物の気持ちを推察させたり、何が正しくて間違っているのかを考えさせたり、正解を一つとする教育を受けていると、気づくことが難しい視点だ。「正解がある」教育を受けてくると、この「正解がない」というのが何とももどかしく感じられる。**

例えば、豚を食べないムスリムがいると思えば、牛を神聖なものとするヒンズー教徒がいる。さらにベジタリアンもたくさんいる。子供のベジタリアンもいるから、給食にはベジタリアンのメニューもあったりする。日本人としては「成長期は肉を食べないと栄養が偏ってしまうよ」などと言いたくなるのだが、正しさが一つではない。

ムスリムと話していると、酒は害悪だと思っている人が少なくない。私が最初に住んだ場所では、公の場所での飲酒が禁止だった。そのため、酒がいかに体に悪いか、酒飲みがいかに迷惑かを語るムスリムの友人がいた。しかし、かといって、私に「酒をやめろ」とは言わない。酒を嗜《たしな》む日本人が許されているように、私たちも違う文化を許さなければならないのだ。

「常識」「マナー」もここでは曖昧だ。以前、インド系の友達とご飯を食べていたら、「結婚は星占いと家柄で親が決めるのが常識だよ」と言われて、華人の友達とビックリしたことがある。「常識」の数があまりにも多すぎてわけがわからなくなる。

だから、それぞれの領域に踏み込まない。もちろん、中華正月に犬の飾りを自粛すべきかとか（犬はイスラムでは不浄とされることがあるようだ）、ビキニの観光客は許されるのかとか、議論になることもある。

宗教や人種のことはかなりセンシティブで、一歩間違うと大きな問題に発展する。マレーシア人はそこをよくわかっており、いつも暴動や民族の争いを警戒している感じがある。マレー人・華人・インド人という3民族がうまくやっていくためには、お互いの違いをある程度あきらめて、スルーするしかないのだろう。**マレーシアで子供たちが受けている教育は、こうした「答えのない」世界を生きるための教育なのだ。**

「怒り」をコントロールする時代

日本にいたころ、お鮨《すし》屋《や》さんのカウンターで、ずっとお弟子さんに小言を言い続けている板前さんがいた。客には丁寧なのに、弟子の一挙一動にはイライラするらしい。「教育」しているつもりだったのだと思うが、とても気分が悪かった。この板前さんのように、相手の立場によって態度を180度変える人が多い社会だと、人を心から信頼することが難しくなる。

日本人には、お店のスタッフや従業員、後輩など、自分よりも相手が格下となると「相手をどう扱ってもいい」「何を言ってもいい」と思っている人がいる。私もそうで、相手によってかなり態度を変えていた自覚がある。道を間違えたタクシー運転手やミスしたスタッフ相手に怒りをぶちまけたことも一度や二度ではない。

人は相手を見て「怒っていい」と認識したときに怒っている。だから、店員がお客さんに怒ることは稀《まれ》だし、部下が上司に怒ることはまずない。セクハラやパワハラ、労働者の問題など、**今日本で起きている問題の多くは、この「自分より下の人は、どう扱ってもいい」という考えからきている**のではないかと思う。私は今でも日本人同士だと怒りっぽくなる自覚がある。

そしてそれは、傍《そば》で見ている人も地味に傷つける。「自分も（立場が低くなったら）たちまちこんな目に遭うかもしれない」という恐怖を植えつけるからだ。だから、マレーシアに来て威張ったり怒ったりしている日本人を見ていると、かつての自分を見ているようで、辛い。

面白いもので、怒らない良さに気がつくと、しょっちゅう怒ったりクレームを入れたりする人は確かに子供っぽく、自分の感情がコントロールできない「かわいそうな人」に見えてしまう。このことをツイッターで書いたところ、東南アジアの他の国（フィリピン、タイなど）や、フランス、オーストラリアの日本人在住者からも「同じです」と反響があった。「怒ることが損」な国は、私たちが思っているよりもたくさんある。もしかしたら、こういう国こそが世界のスタンダードに近いのかもしれない。

「アンガーマネジメント」ができない人は採用しない

マレーシアのある教育機関にインタビューしたとき、教師の採用に関わる第一の条件が「怒りのコントロールができること」だと聞いて驚いたことがある。仕事ができるとか、知識があるとかの以前に「怒りのコントロール」（アンガーマネジメント）なのだ。

ちなみに、マレーシアでも怒る先生や体罰を加える先生はいる。マレーシア人とはいえど、子供を教えるときに「怒り」を使わずに教えることができる人は少ないのではないかと思う。体罰で子供をしつけているという親だって少なくない。

人に手っ取り早く動いてもらおうとした場合、「怒り」は割と便利に使える。しかし、それで本当に心から相手を動かせるかどうかは、また別の問題なのだと思う。怒りはくせになりがちだ。仕事のグループに一人怒りっぽい人がいると、それだけでパフォーマンスが落ちることもある。やっぱり怒っては損なのかもしれない。

不機嫌も損になる。ある日本人が、「自分はマレーシア人にいつも差別されている」と怒っていた。「私はお客なのに、いつもお釣りをごまかされているし、タクシーには遠回りされる」と言う。その人は英語もマレー語もできず、いつも不安な気持ちだ。そのせいもあって、現地の人を全く信用していない。「マレーシア人はダメ。日本人しか信用できない」が口ぐせだ。すると、どういうことが起きるか。

この「信用されていない」感じは相手にも伝わるのだ。「感じ悪いお客だな」と思われ、冷たい態度を取られ、他ににこやかなお客がいると、後回しにされたりする。中には本当に嫌がらせして料金を高く取ってやろうと考える人もいるかもしれない。こうして、彼女は余計「差別されている」と感じるようになる。

マレーシアでローカルの学校とのトラブルが多い日本人には、日本と同様の「上下関係」をベースにしたコミュニケーション方法を取っている人が少なくない。しかも、語学の問題もあり、コミュニケーションがたいてい足りていない。「お金を払っているんだから」「客なんだから」「丁寧に平等に扱ってよ」という態度はここでは通用しない。

マレーシアで怒ったり不機嫌になったりすると、本当に損をする。それどころか、恨みを買って危険なこともある。「そんなの平等じゃない」と怒る人もいるかもしれない。その通り。「平等じゃない」のだ。

どうやって怒らずに相手を動かすのか

怒りで相手は動かない。だとしたら、どうやって動かすのか。
仲の良いローカルの友達数人と小旅行に行ったときのこと。バスの運転手が明らかに寝不足で、高速運転中にウトウトし出したことがあった。そこでバス会社に後からクレームを入れることになった。クレームを入れたのは、グループの中心人物である華人の女性で、クレームのメールはこんな感じだった。

「私たちはいつもあなたの旅行会社のアレンジには感謝しています。今までとても楽しく旅行してきました。しかし今回、ちょっとだけ心配なことがありました。それは、バスの運転手が明らかに疲れていて、高速道路で居眠りしそうになったことです。どうぞ彼に対してもよくケアしてあげてください。サービスの改善を祈っています」

これに対してバス会社からは丁重なおわびが来たそうだ。私は、あれだけの文章でバス会社が「これはクレームのメールだ」と気づいたことに驚いた。この女性、私は心から尊敬している。反射的にカッと怒ったり、自分より下の相手に高圧的になったりしがちな日本人としては、見習うところ大だ。

そういえば、私がマレーシアのビジネスマナー英語教室で習った「クレームメールの書き方」でも同じだった。中華系マレーシア人の講師によれば、クレームはできるだけスマートに入れなくてはならないそうだ。

- まず感謝を伝える
- 怒っていることは伝えない。事実だけを伝える

「怒りを見せてはいけません。クレームのメールを書く場合は、日頃の感謝をまず伝える

こと。そしてクレームは短く、事実だけを伝えること。でも一つ改善して欲しいところがあるとしたら、それはこういうことです、と遠回しに書きなさい」と指導していた。

なるほど、これがマレーシア式なのかもしれない。あくまで相手に動いてもらうためには、怒りという道具を使わずに交渉しなさい、と華人の先生は教えてくれた。

「報復しない」「敵を赦《ゆる》す」が寛容さのベース

「ルック・イースト」政策で知られ、親日的だと言われるマレーシア。しかし、地方でお年寄りなどと話していると、出てくるのが戦争時代の話だ。

ラブアン島で戦没者慰霊日を取材しようとしたら、「日本人の参加は好ましくない」と言われたこともある。実際に、友達にも、日本軍に祖母を殺されそうになったり、日本軍にお辞儀しなくて殴られたりした人もいる。マレーシアの小説や漫画を読んでいても、日本の軍人が怖い存在として出てくるし、博物館に行けば、日本軍統治下の厳しい生活ぶりが理解できる。ところが、日本人に対して恨みを持ち続けている人は少数だ。

私自身も2016年、マラッカでマレー人のジャファアー・ビン・ハッサンさんに、日本統治時代の思い出をインタビューした。ただ、このとき、印象的だったのが「赦す」という言葉だ。彼は日本軍統治下で日本式の学校に通った。当時は自由もなく、自転車や女性を隠し（隠さないと取られてしまうため）、生活が厳しかったことを明かしている。その一方で、戦後になって、「ルック・イースト」政策で息子を九州大学に留学させている。「なぜ日本軍の統治下で辛い思いをしたのに、その日本に息子さんを留学させたのですか」という疑問に対して、彼はこう言った。

「日本に恨みがない理由ですか？　宗教の教えが強いかもしれません。人を赦したら純粋な心になって世界が平和になります。どんなにひどいことをされても、相手に優しくしてあげないといけません。敵にも優しくすると、相手が変わるんです。私たちは神様を信じているから、いいことをしたら、いいことが起きると思っています」

この「報復しない」「敵を赦す」という考えが、マレーシアの寛容さのベースにあるのではないかと感じる。

とにかく、この国の人たちは、他人や社会に対して過度な期待をしない。他人に期待せず、自分で動く。こういった寛容な社会では、人々は冒険的になる。そして、何かうまくいかないときに「だから言ったでしょ」的に責め立てる人、高みの見物を決め込んで「お手並み拝見」と言う批評家みたいな態度の人、冷笑的な人が少ない。すると、人はいろんな挑戦ができるようになる。

多くの人たちが他人や国には期待せず、自分の足で立っている。たぶん、私がマレーシア人に惹かれて子供をここで育てようとした理由は、その辺にある。日本も一人一人がまず、他人やサービスについて寛容になると、もっと変化が起きやすくなっていくのではないだろうか。

第4章　ゆるい国で身につく「ざっくり動く」力

マレーシアで学んだ学生が重宝される理由

最近、マレーシアに正規留学する日本人学生が増えている。彼らは日本の高校を卒業し、そのままマレーシアの大学に留学し、卒業する。驚くのが、彼らの就職が好調なことだ。正確な統計はないのだが、前出の石川徳仁さんは2012年からマレーシアで大学生の留学事業を行なっているが、ここ数年でマレーシアに留学する学生が増えたと言う。

「(サポートした学生たちは)ほぼ100%が日本で就職できています。それも第一希望が多いです」

モナッシュ大学マレーシア校在学中の本橋恵美さんも、

「まだ卒業生は少ないですが、先輩たちは第一希望の会社に決まっています」

と明かす。なぜか。石川さんは、

「アジアを視野に入れた日本企業が増えています。英語が使えるし、多国籍の人とコミュニケーションができる。新興国を選択して飛び込んでいったチャレンジ精神もある。多文化への対応能力もある」「それにざっくりした指示で動ける人が多いんですよ。僕の会社ですら採りたいなと思わせる学生が多い」
と話す。どういうことか、解説してもらった。
「新興国はシステムが整っていないので、ある程度、開拓者精神が必要になります。その点で、マレーシアに来る学生は、1から10まで説明しなくても動けるようになるんです。例えば、大学でも単位の配分などは、自分で計算して考えなくてはなりません。専門家に相談しても、答えが曖昧だったり、人により違った答えが返ってきたりします。足りない部分は、自分で資料を見て一つ一つ把握していき、わからないところをピンポイントで質問するしかない。自分でミスっても自分の責任です。鵜呑《うの》みにしないこと。最終的には、あなたの責任でしょ、と言われるわけです」（石川さん）
つまり、他人の指示を待たず、自分の頭で考えて行動することが身についてくるのだ。例えば、政府機関などでは担当者によって言うことが違うのは当たり前。その中から、自分で交渉し、必要なものを入手していくしかない。「権利だ！」と正論をわめいても、誰も相手にしてくれない。そして「専門家」を称する誰かに頼っても、それがうまくいくとは限らない。ぼーっとして待っているだけでは誰も何もしてくれないのだ。

「そんなの、日本じゃ考えられない！」と怒る人もいるが、おそらく新興国の多くはそうなのではないか。日本では、物事が完全にお膳立てされた状態で提供されることが多い。だから、「サービスは完全な形で提供されて当たり前」と思い込み、自分の考えていたことと結果が違うと、怒り出したりクレームを入れたりする。

私もかつてはそうで、些細なことで文句を言っていた。それが相手を苦しめていたのかもしれないと反省している。

「（ものが）なければないで何とかする」

「相手に言われたことを鵜呑みにせず、自分の頭で考える」

「状況に合わせて柔軟に動く」

ある意味、日本をはじめとする先進国の「全てがシステムとして整っている」環境とは真逆な世界がここにはあるのだ。

二重駐車されたら押して動かせばいい

車社会のマレーシアでは、駐車場が足りなくなることがしばしばだ。そのためか、よく車が二重駐車になっているのを見かける。一見、カオスである。それでも、二重駐車でケンカになっているのは、あまり見ない。

ホテルの駐車場でのこと。私の車の前に、他の車が横向きに駐車してあって出られないことがあった。困って駐車場の管理室に行ったら、隣で聞いていたマレーシア人男性がニコニコしながら、「それはね、サイドブレーキを外した状態で停めてあるはずだよ。手でその車を動かして出ればいいんだよ」と教えてくれた。

なるほど、言われた通りにやってみたら、確かに駐車している車にはサイドブレーキがかかっていなかった。車はスーッと手動で動き（女性一人の力でも自動車が動くのだと、そのとき、初めて知った）、無事出ることができた。新興国らしい知恵だなぁと思いつつ、日本でならどうだったろう？と考えた。文句でも言って、不愉快な時間を過ごしていたかもしれない。

ちなみに、マレーシアでは屋外でもよく二重駐車をしている。この場合は、「連絡先を書いた紙をフロントガラスのところに挟んでおいて、車を動かしたい人はそこに電話すればいいのだ」と教わった。こういうときにいちいち怒り出したり「マナーがなってない」

「ルール違反だ」などと言わないのがマレーシア流なのだろう。

ちょっとした考え方の違い一つなのだが、これに対応できるかどうかは、実に個人による。「そうか、そう考えればいいのか!」と思う人は新興国に向いているし、「そんなのあり得ない」と思う人は、たぶん新興国に暮らしたらストレスが溜まって大変だろう。

信号が壊れても「何とかする」人々

マレーシアではよく信号が壊れている。以前住んでいた場所の近所の交差点は、交通量がかなり多いのだが、落雷の度に信号機が故障する。かといって、警官が交通整理するわけではない。それでも人々は、朝のラッシュ時でもみんな慌てない。信号機が壊れたなら壊れたなりに、「譲り合ってテキトーに行く」のだ。そこで暴動やケンカが起きるわけでもなく(強引な車もあるのだが)、毎回別にずっと通れなくて困ることも起きていない。

道路に穴があいていることも少なくない。マレーシア人の標準カーナビとも言えるWazeというアプリは非常に優秀で、道路に陥没があったり水没していたり、混雑したりすると教えてくれる。だから、この情報を頼りに、そういう場所を避けて運転する技術が身につく。以前マレーシアで「ポケモンＧＯ」が流行ったときには、道路の穴に落ちる人が続出して新聞に載った。だが、だからといって、マレーシア中の穴を埋めよう、とはなっていない。みんな落ちないように注意するのだ。

スーパーで豆腐やもやしを買うときは、たまに腐っていることがあるので要注意だ。購入者は、いちいち匂いを嗅いでから買い物かごに放り込んでいたりする。もちろん、日本から来た人にはこれに慣れず、フラストレーションを抱えながら生活している人もいる。

しかし、**お膳立てされた日本から来てマレーシア流に慣れていくと、いかに自分がものを自分の頭で考えることをサボっていたかがわかってくる。**新興国では「人がやることだから、間違いは起きるし、完璧にはできない」というのが前提なのだ。人によって全く言うことが違う。「マニュアルや基本事項を書いたものはないのですか」と聞いても、たいていそんなものはない。人々の側が自分で考えて判断するのだ。そしてその判断は毎回同じとは限らない。

怒らない人が多いと、仕事のスピードが上がる

前章に書いた通り、マレーシアに来て、怒っている人を見る機会も、怒られる機会も極端に減った。

もちろん、遅刻したり、間違った対応をしたりすれば注意はされる。けれども、グダグダ何時間もかけて説教されている人を見ることが少ない。謝り方に誠意がないなどと揉《も》めることも皆無だ。その上、お客さんはたいていの場合かなり親切で、こちらを友達のように扱ってくれる。相手がまず怒ることがないと、人は安心して失敗できるし、質問できる。なので、私もわからないことはどんどん聞いて、冒険ができるようになる。

だからかどうかは不明だが、マレーシア人とやり取りするメールや電話はかなりラフで、ものすごく短い。

「この書類送ってくれる?」

「オーケー。アドレスプリーズ」

「サンキュー。バーイ。ハバナイスデー」

みたいな感じ。フランクすぎて拍子抜けしてしまうが、これで万事進むので、スピードが速い。初対面でも、いきなりチャットでメッセージが来たりする。全体にラフなのだが、そのぶん、仕事の中身に集中できるのだ。

日本だと会合の出席者の席次を気にしたり、メールを書くときに「相手のことはさん付けにしようか様付けにするべきか、先生とつけた方がいいかな」と迷ったりする。中には「先生」と呼ばないと怒る人や、「様付け」じゃないと許さない、などという人もいるので、対応をいちいち考えなければならず、大変なのだ。

マレーシアにいても日本人同士では揉めることがある。よく見ていると、たいていの場合、お互いに「誠意がない」とか「不親切だ」など、言葉のトラブルで時間が割かれている。中にはただフラストレーションをぶつけているんだろうな、と思われる人もいる。礼儀やマナーが細かい上に、それが日本人同士で共有されていないので、うまくいかないのだ。

案内状を送ったら「Aさんを飛ばしてBさんに送ってもらったら困る」とお叱りを受けたこともある。常識の共有が非常に難しいな、と感じる場面だ。そしてこの揉め事に多くの時間が割かれてしまう。

実際、日本語のツイッターを見ると、誰かに対する違和感であふれている。「最近の親は常識がない」「上司がわかってない」「夫が子育ての辛さを理解してくれない」「子供が出したものを片付けない」「ツイートしたことを誤読するバカがいる」「新人の礼儀がなってない」

要するに、全然、わかり合えていないのだ。

同じ日本語を話していて、同じ日本人でも、たぶんわかり合えない。「常識」として共有できていない時点で常識じゃない。お互いに「察する」というのは無理なのだ。

私たちは絶対にわかり合えない

お互いに期待が大きい割には、「察すること」が苦手な人があまりに多いから、「こうするべきだよ」と書いた細かい礼儀作法やマナーがどんどんできたり、失礼だと怒る人が発生したり、応対が完全マニュアル通りになってしまったりするのだろう。

なまじっか「わかり合えるはず」「同じ日本人なら察してね」という期待が大きいもの

だから、相手がちょっとでも違うとイライラする。「以心伝心」は、おそらく幻想なのだ。

だからマニュアルはどんどん分厚くなり、マナーのポスターや新しい礼儀作法が増えていく。ルールで人を縛るしかない。それならいっそのこと「私たちは絶対にわかり合えないんだ」と認めてしまったらいい。

「相手の気持ちは想像できるはず」という幻想があるから、「常識をわきまえていない」「普通はこうするはずだ！」と揉めたりする。少しでも考え方が一致しないと「お前は日本人じゃない」と言い出す人すらいる。

マレーシア人では、ムスリムのマレー人と、仏教徒やキリスト教徒の華人、ヒンズー教徒やムスリム、シク教徒のインド人が一緒に住んでいて、さらに少数民族、外国人が山ほどいる。

「話せばわかるはずだ！」と相手の領域に踏み込んでいったら、たちまち暴動になることをみんなわかっているのだ。だから、わかり合えないけれど、お互いに認める。

「あなたの考えはさっぱりわからないし、わかりたくもない。けれどもあなたの考えはそのままで良いし、あなたを人間として尊重する」

という感じではないか。だから、ムスリムの首相がクリスマスのお祝いメッセージを述べたり、中国服を着て「中華正月おめでとう！」と言ったりする。マレーシアでは、そうやって相手の文化を尊重していることを表明する。それはポーズなのかもしれないけれど、意見が全く違う相手を尊重する人は、成熟して見える。

多様性のある社会は、けっこう大変だ。例えば、同じムスリムといってもいろいろで、マレー人でも豚肉を目の前で食べていても気にしない人もいれば、豚を一度でも料理した台所はダメという人もいる。宗教的に犬はダメな人も、犬のぬいぐるみは大丈夫な人もいる。だから相手をパーティーに呼ぶときには、お互いに言葉で聞く。

「君はムスリムだけど、豚由来のものは全部ダメなの？　食器や調理家電もハラルじゃないものは気にするタイプ？　料理に使うアルコールはアルコール成分が飛んでいれば大丈夫？　僕は仏教徒だからわからない。教えて欲しいな」と。

そして、場合によっては、食器も使わず、ケータリングと紙コップで相手をもてなしたりする。

「言わなくても察して欲しい」と相手に期待していないで「あなたはどうして欲しい

の？」と聞く、または「こうして欲しい」と言えばいいのである。すると、その態度は異文化理解にも役立つし、多様性のある社会でも武器となって活躍するはずだ。

思いやり＝「相手の時間を奪わないこと」

長いメールはマレーシアでは歓迎されないようだ。

以前、あるテレビ局に送ったリリースについて「ポイントがわかりにくい上に長い。要点をまとめてくれ」というクレームが来たことがある。日本語は最初に挨拶があり、ゆっくりと本題に入るので、そのまま英訳するとまどろっこしくなる。

長いメールには返事すらしてもらえないことも多々ある。だから、うちの会社で案内を送るときには、わかりやすく、シンプルにを心がけている。

あるマレーシア人から「日本人は会ってください、ビジネスがしたい、と散々頼んでくるのに、実際に会うと、その後の仕事に結びつくことは稀。しかも仕事のペースがとても遅い」と言われたことがある。

ここでは相手への思いやりがあるのは「丁寧なこと」よりも「シンプルでわかりやすい

こと＝相手の時間を奪わないこと」なのだろう。

これはマレーシアでビジネスをしていると理解できる。マレーシアではだいたい、仕事の相手から「会いたい」と連絡が来たときは、仕事の依頼は決まっている。その次に会うときにはすでに具体的な打ち合わせに入っていることが多い。担当者が決定権を持っていることが多く、1回会っただけで仕事が完了することもある。

日本人だとまず顔合わせから始まり、お互いの様子を見て、情報交換をする。その後社内に持ち帰って検討し、本社や上司の承認を得て、2週間後に返事、といった具合なので、どうしてもスピードが遅くなる。マレーシアでは、会社員ではなく、歩合制の個人事業主のような人が多いことも無関係ではないだろう。

これは個人同士でも同様だ。住んでいるアパートで電気がつかなくなったときなど、チャットで大家さんに連絡すれば、数分後には「ブレーカーの写真を送って」「スイッチの写真を送って」「右側を押してみて」などと、チェックポイントを教えてくれたりする。

今の大家さんとは普段から人間関係ができていることもあり、トラブル時にも挨拶抜きで用件だけ伝えればいい。相手もすぐに対応してくれる。結果的に、けっこう、快適に生活できるのだ。

日本人向けのマニュアルが分厚くなる理由

以前イベントの仕事をしていて、日本人向けとマレーシア人向けに同じマニュアルを作成したことがある。驚いたのは、同じことを指示するのに、日本人向けが30ページほどの厚いものなのに、マレーシア人向けは10ページ程度だったことだ。

日本人向けの方には会場への行き方から、当日の持ち物、注意点、禁止事項などが細かく記載されている。一方、マレーシア人向けにはブースの基本的な配置と用具、タイムテーブルのみ。細かい注意書きがほとんど書いていない。もちろん、海外から来る日本人とマレーシア人とを同等に比べることはできないが、細かいことを気にして、指示を待つことが多い日本人向けのマニュアルは、どうしても分厚くなってしまう。

一方、ある程度自分の判断で勝手に動くマレーシア人は、だいたいのことを書いておけば、勝手に判断してくれる。間違いがあれば、「これは間違いだろう」と類推すらしてくれる。インターナショナル・スクールの遠足なども同様で、日本のような細かい持ち物指示がない。「適当にやってくれる」という信頼があると、マニュアルは薄くなる。

前出『安心社会から信頼社会へ』にも「不信が生み出す非効率さ」についての記述があるので紹介しよう。

研究費の使途について細かな規則が存在するのは、自由に研究費を使わせれば、研究費を個人的な目的のために流用する者がいるだろうという不信が存在しているからです。このような関係資本としての信頼が欠如しているために、国民も研究者もともに巨大な無駄を押しつけられることになります。

一般的にお役所仕事は非効率の典型とされています。しかしこの例からもわかるように、お役所仕事の非効率さが、無数の煩雑な規則によって強制されている点も見逃すべきではありません。そして同時に理解しなくてはならないのは、お役所仕事を非効率的にしているこれらの規則が、究極的には役人に対する国民の不信から生まれたものだという点です。国民は、役人に対する不信のつけを、巨大な無駄を生み出すことで支払っているのです。すべての人間が信頼に値するよう身を慎んで行動している社会、そして誰もが他人を信頼している社会、つまり関係資本が充実している社会では、このような無数の煩雑な規則が生み出す非効率さは存在しないはずです。

つまり、不信が社会にあればあるほど、規則が煩雑になり、細かくなるのだ。

プリントが驚くほど少ないマレーシア

久々に日本に行って驚くのが、印刷物が多いことだ。役所でも、学校でも山のようなプリントを配る。マレーシアに来て、印刷物を見る機会が減った。

保険の契約などは書類がPDFで送られてくるので、プリントアウトにサインしてスキャンして添付ファイルでメールで送れば完了。保険証はネット経由で送られてくる。ビザの申請もオンラインになっており、書類の多くはスキャンデータをやり取りする。

学校の連絡網はメールやチャットグループで置き換えられていることが多い。何かあれば学校から直接メールが来るので、電話などはしなくて済む。翌日学校が休校になるような場合も、チャットグループを見ていれば何とかなる。学校からのニュースレターには「印刷しないでください」とわざわざ書いてあることもあり、印刷しないで読むくせがつく。チラシやポスターの類も非常に少ない。だから、予定の変更も柔軟に対応できるのだ。プリントをいちいち訂正していたら、時間が取られて大変だろう。

人間の方がシステムに合わせて変わっていく

ビジネスの旅行もタイムテーブルは非常にシンプル。時間はだいたいの目安でしかない。人間の方がシステムに合わせて柔軟になっていくから、主催者側も余計な質問に対応する必要がない上に、細かい注意書きやスケジュールを作成する手間も省ける。お互いにエネルギーを節約できるのだ。私は毎回「こういうのは最高だなぁ」と思ってしまう。全員が自律的に動く。たまに置いていかれることもあるのだが、それでも最後には何とか辻褄《つじつま》があって、誰も怒らない。

実は私は日本では時間にうるさいタイプで、予定が遅れるとイライラしたり、予定表通りにコトが進まないと気になったりした。持ち物も細かく指示してくれないと「何で指示してくれないの。言ってくれなければわからないでしょう」などとクレームを入れていた。それが、すっかりここ数年でゆるくなってしまった。

そういう意味では、きちんとしていないことにイライラしてしまう人は、私のような在住歴の長い日本人と付き合うのは、気をつけた方がいい。日本人に見えるが、中身はだいぶズレて現地人化している。たまに誰かが「ココは文句言わなくちゃ！」と言っているところに出くわすと、「面倒くさいな……」と思うようになってしまった。

本当に環境は人を変えるのだ。

Ｇｒａｂはかつて違法だった

私が東南アジアで利用してみて先進的だな、と思うサービスに、Ｇｒａｂ、Ａｉｒｂｎｂなどがある。Ｇｒａｂはタクシーや一般の車をシェアするサービスで、Ａｉｒｂｎｂはいわゆる民泊だ。

Ｇｒａｂなどのサービスは今でこそ合法だが、できた当時はマレーシアでも法的にグレーゾーンだった。カーシェアリングは法律違反の可能性があるという政府の認識が報道されたものの、それでも人々は気にせず使っていた。初期のころは、タクシードライバーとＧｒａｂのドライバー間で小競り合いがあったりして社会問題化していたが、そのうち政府の方がＧｒａｂなどのサービスを合法化してくれた。

一方、日本ではこうしたサービスはなかなか普及しない。ドローンを飛ばすと違法になることもあるし、Ｇｒａｂは白タクと呼ばれ違法だし、Ａｉｒｂｎｂをやっていると近所迷惑とされる。理由は二つあると思う。一つは、赤の他人を信用するのが難しいという国民性。赤の他人の車に乗る以上、相手を信用しないとコトは始まらない。それから、一旦決めたことを守り通そうとする遵法意識もあると思う。

以前、インターネットが登場したころ、法整備がインターネットに追いつかない、ということが繰り返し言われた。インターネットはそもそも「怪しくて」「危険な」ものとして登場した。しかし、それでも果敢にＭＰ３での音楽ダウンロードなど、自分の判断でインターネットを使いこなそうとする人は多かった。

変化の多い今の時代、いつも先を行くのは、人々の方だ。政府は後からそれを追認するだけだったりする。適当だからこそ、何か新しいことや変わったことを「やってみよう」となる。間違っていたら、その後、やめればいい。「やめる」ことができる人は「試す」こともできるのである。

小学生が政治について議論する

怒ることが少ないマレーシア人だが、だからといって、政治や国際情勢に無関心なわけではない。むしろ、小学生ですら、政治に関心を持つ子供が多いことには驚かされる。政権交代を目指すデモや選挙には多くの人が参加し、政治には厳しい目を向けている。2018年の選挙では82％という高い投票率で、初の政権交代を実現させた。元政権与党にいたマハティール氏が、野党となって戦い、首相に返り咲いた。

マレーシア人は政治の話を普通にする。私の参加しているスポーツや音楽などのグループチャットでも、政治の話は日常的に行なわれている。ペナンでＢｅｙｏｎｄ Ｍａｌａｙｓｉａを主宰する長塚香里《かおり》さんは、２０１８年の総選挙についてこう話す。

「マレーシアでは子供たちも政治の話を普通にするので、中華系ローカル校に通う娘（高2）のクラスチャットは夜通し政治の話で持ちきりで、大変なことになっていたみたいです。途中から通知をオフにして寝て、朝起きたら４００件以上のチャット履歴が残っていたそう。実は前回の選挙時、小学生でも、通っていた学校で『どの政党を支持するか？』

といった話をしていて驚きました。親世代がきちんと政治に関心を持っていれば、子供にも伝わるんですね」

2018年の総選挙では、多くの人がわざわざ地元に帰省して投票した。長塚さんは、世界中に散らばるマレーシア人たちが祖国に票を届けるために奮闘する様子を「マレーシア下院総選挙2018、日本の皆さんに知ってほしいこと」というブログ記事で紹介している。パイロットに票を託したり、祖国に投票のために帰国する人に票を渡す人など、涙ぐましいまでの努力の様子がうかがえる。

長塚さんは、「自国に対するマレーシア人の姿勢は本当に熱いものがあって、彼らは日本人が忘れてしまった『人間として根本的に大切なこと』を持っている気がしてなりません。学ぶことがあまりにも多すぎる、今回の選挙でした」と結んでいる。

子供たちは普通に政治や世界情勢の話をする。長男は小学生のときに、イギリスのEUからの離脱を支持するか、支持しないかでクラス討論しており、家庭でも議論した。驚くのは、彼らが議論馴れしており、子供同士で政治の話をしても滅多にケンカにならないことだ。議論の仕方、他民族との付き合い方をよく心得ているのだな、と感心する。

以前は、私の住む場所に比較的裕福な人が多いからだろうと思っていたが、総選挙の高い投票率を見て考えが変わった。おそらく、多くの人が自分の一票が国を動かすことの重要性に気づいているのではないかと思う。

判断はいつも自分でする

マレーシアでは毎年ヘイズという公害がある。ひどいときには視界が真っ白になるほどの大気汚染が起きる。こうしたとき、親たちは自身の判断で子供を学校に行かせなかったりする。普段から、学校より家庭行事を優先させる家が少なくないので、さっさと判断できるのだ。その結果は本人（子供と親）が引き受けるだけなので、そのことでああだこうだ言う周囲の人もいない。遠足の参加も任意であることが多い。危険だからやらせたくないと言う親は参加させない。こうやって親も子供も「選択する」という経験を積んでいく。

マレーシア人は、政府や公的機関やマスコミを日本人ほど信用していない。必要があれば、国も変える、という人も少なくないのだ。実際、２０１８年の選挙結果を見て、ダメなら国を変えようと思うと言う人はけっこういた（逆に選挙の結果で戻ってきた人もいた）。

ところが、子供のころから親や教師の言うことを全部聞いていると、この判断力が鈍ってくる。自分で判断する選択肢が見えなくなってしまうのだろう。例えば、おもちゃ消しゴムを持ってきてはいけない、と怒られた子供は、色付きの消しゴムを持って行って「じゃあこれはどうですか？」と判断を委ねたりする。教師に「自分が指導する通りに書かないといけない」と怒られた子は、「先生これでいいですか」と聞きに行く。「お母さんがいいと言うまでドリルをやりなさい」と言われた子は、母親に判断を委ねる。こうして「自分で判断してはダメ」と言うメッセージを刷り込まれ続けたら、判断力がなくなっていくのは、ある意味当然だ。

他人に判断を委ね、他人に期待しすぎるとどうなるか。結果として失敗が起きたときに相手に落胆し、失望し、怒り出す。

そこで犯人探しが始まる。役所や学校も「犯人にされてはかなわない」と判断を慎重にするようになる。ところが、役所や学校も、人に判断を委ねる教育を受けているので、自分で判断ができない。それに、人は失敗する生き物だから、いくら慎重に判断してもミスは起きる。異常気象が続き、天災が起きまくる現代では、なおさら過去の経験が通用しない。「怒られるかもしれない」「失敗したら責任を取らされる」と思えば、いよいよ判断力が鈍り、決断が遅れる。

まわりに判断力がないのなら、無視して自分で動くしかない。「このサイト怪しい」と思ったら読むのをやめるとか、学校の先生を見て「あ、この人たち判断できないんだ」と思ったらその学校を辞めさせてみるとか。この国マズイな、と思ったら国を変えてみるとか。

子供に教えるべきは、自分で判断し、自分で責任を取る能力、そのものではないだろうか。

第5章　みんながグローバルになる必要はない

「何者か」になる必要はあるのか

「はじめに」で紹介した「多くのひとは『辞める練習』が足りてない」のツイート。最初は、なぜこれがこんなにリツイートされるのかわからなかった。

ところが個別のメッセージをもらったり、ＦＭラジオに呼ばれたり、書籍の執筆依頼が来たりしているうちに、「辞められない」というただそのことで苦しんでいる人たちが、日本にはたくさんいる事実に気づいた。

寄せられる反応は、

「まさに自分のことかと思いました」

「辞めたい、と思っているのに辞められない」

「自分が何者かわからなくて苦しい」

「会社に入ってみたが、何かが違う」

という言葉であふれていた。多くの人から「どうすればいいでしょうか」と聞かれて、私は考えた。この章ではこうした人に対する私なりの考えを書いていきたい。

「自分探し」という言葉がある。

第2章で紹介した、大学留学を斡旋《あっせん》している石川さんは、「マレーシア留学に相談に来る学生の9割がモラトリアムです」と言っていた。大学に入って初めて一息ついて、自分が選んだ専攻や進路について、立ち止まって悩み出すのかもしれない。今の日本には自由があるだけに悩むのだろう。私もそうだったのでよくわかる。

マレーシアやフィリピンに来る日本人学生と話をすると、「自分に向いた仕事がわからない」と苦しんでいる人は多い。親やまわりに合わせて生きてきて、自分の意見がわからなくなってしまっている。

ただ、一方で「好きなことがなくても平気な人」「あれしなさい、これしなさいと言われて動ける人」もたくさんいる。与えられた仕事をこなし、集団の中で実力を発揮するタイプの人だっている。親の事業を継ぐことに喜びを見出す人だっている。日本でサラリーマンになるのなら、別に無理に「何者か」にならなくても良いのかもしれない。

「何が好きなの?」と聞いても「別に」「他の人と同じでいいです」と言う子がいる。サラリーマンになっても与えられた仕事をソツなくこなせるタイプなのかもしれない。私は、これも一種の能力だと思う。

そういう人がいなければ、社会は回らないし、家族はバラバラになってしまう。無理に全員が「やりたいこと」に縛られる必要は、ないのではないか。

教育のゴールが自立だとすれば、自立とは、自分の人生を自分で決めて進むことではないか。もちろん、自分にあった職業を見つけスペシャリストになれたらラッキーだが、常に時代がそれを要請するとも限らない。別にサラリーマンや公務員になって配属通りの仕事をする、親の職業を継ぐ、結婚して家庭をサポートする、でもいいだろう。

大事なのは、一度は「自分で決めて、自分で選択する」ということだと思う。その上でなら、「選択を会社（家族）に委ねる」という生き方をするのもアリかもしれない。そして、最も重要なのは、その選択が間違っていたときに、誰かのせいにせずに、自分で軌道修正し、選択し直すことだ。それができないと、ずっとある場所にとどまって愚痴を言い続ける人生となる。

今の時代はとにかく変化のスピードが速く、今ある仕事が3年後にあるかどうかもわからない。一旦何かのスペシャリストになった人も、選び直しを余儀なくされることが出てくるはずだ。おそらくこれからは自分で選び直さなければならない人がもっと増えていくだろう。そのときのために「辞める練習」をしておいた方がいい。

一度は自分で選択し、自分で生きてみる

ではすでに大人になってしまった人はどう「辞める練習」をすればいいのだろう。もし悩んでいる人は、一度でもいいから「自分で」「選択」してみたら良いのではないか。

今いる場所で、まずは目の前にあること一つ一つを一生懸命にやってみる。次に、細かく分けた一つ一つの作業を、本当に好きなのか、好きじゃないのかと分けていく。私も保険会社で営業の仕事をしていたときに、日々の仕事を細かく分類してみた。すると一口に「営業事務」と言ってもさまざまな雑用で構成されていることが見えてくる。

- 保険料の計算
- 経費精算
- 電話や店頭の応対

・代理店向けのニュースの作成
・代理店に講師として教えにいく
・パソコンを使ってマクロを組む
　こうした中で、「これはずっとやってもいいな」「これはやりたくないな」というものを分けていく。

　事務作業が好きなのか、人への応対が好きなのか、教えることが好きなのか、作ることが好きなのか、人前に出るのが好きなのか、何かを極めるタイプなのか、いろいろ並行してやりたいタイプなのか、そんな感じで良い。そしてそれがわかったら、今いる場所で、自分に向いたものを強化できないか試してみる。

　会社員時代、私はニュース作成やパソコンの仕事が好きだったので、志願して増やしてもらったことがある。一方で細かい事務作業が苦手だった。だから、こういう仕事は他人に任せた。編集者になっても、誤字・脱字が多いので、校閲さんなど、外部の人の力に大いに助けられてきた。チームで仕事をすることで、得意・不得意を分担できるのだ。

　好き嫌い、得意不得意を分類してみて、次は自分が好きな方向に少しずつ自分を調整してみると良いと思う。社内に自分に向きそうな部署があるのなら、異動願いを出してもいいし、転職の準備をしてもいい。

幸い、今は副業でいろいろな経験ができる。いきなり転職せずにまずは副業から始めるのもありだ。ボランティアに参加したり、アルバイト的にお試しで職業体験してみたりしてもいいだろう。自分を表現する仕事――ユーチューバー、音楽、歌、文章、漫画など――はインターネットで今日すぐに始めることができる。

どの仕事にも良い面、悪い面があり、さらにやってみないと見えない面がある。例えば、保育士になっても、保育に関わる事務作業が苦手だったということもある。編集者になりたくても、他人との関わりが苦手で、原稿を依頼するのに過度に緊張するようでは仕事に支障をきたすだろう。「自分を知る」作業はどこかで必要なのだと思う。

理想は、子供のころに「何でもやってみること」

理想を言えば、失敗が許される子供時代に何でもやってみるのが一番良いだろう。長男は、先にも書いたが、小学生時代に実にいろんな経験をした。学校の勉強はもちろん、アート、スポーツ、プログラミング、ロボティクス、討論、発表、演劇、歌、パフォーマンス、アニメ作り、楽器演奏――そして、自分の向き・不向きを確認していた。

中学に入り、プログラミングに興味を持つが、そのうちＰｙｔｈｏｎやＪａｖａＳｃｒｉｐｔでのゲーム作りは好きだが、ＨＴＭＬやＣＳＳでウエブページを作るのは嫌いだ――といった具合に、その中での細かい好き嫌いも見えてくる。

今は子供でも自分を表現できる時代だ。例えば、ブログやｎｏｔｅなどのプラットフォームをうまく使えば、誰でも小説を発表することができる。ｎｏｔｅに作品を発表している小学生の倉本莉亜《りあ》さんは、自ら小説家を名乗り、独自の視点での小説やエッセイを発表し続けている。素晴らしいなと思うのは、彼女がコンスタントに発表し続けていることだ。

こうやって「自分がやりたい」と思うことを実際にやってみるのは、とても良い訓練になると思う。

また仕事の形態にも向き・不向きがある。

友人が、リモートワークをやってみたのだが、「人と会わないことが寂しくてつまらなすぎた」と言って転職してしまった。上司がいた方が楽で良いという人もいる。自分で決めることが苦手な人や、みんなでワイワイやるのが好きな人は、フリーランスに向かないかもしれない。一方で、会社で毎朝繰り返される朝礼に耐えられないという人もいる。自由を何よりも重視するならサラリーマンは息苦しいだろう。

思考停止を繰り返せば、自分が何者かわからなくなる

「自分が何が好きなのか、よくわからない」と言う人がいる。そういう人には、自分の本当の気持ちを理解するプロセスが必要になるかもしれない。

日本語には、言葉の発言者が実は全くそう思っていない曖昧な言葉がある。「努力すれば夢は叶《かな》う」「みんな仲良く」などが典型的だ。たぶん本人の実体験を伴っているケースはそんなにないのではないか。

そういえば、長男が日本の公立小学校からマレーシアのインターナショナル・スクールに来て「初めて作文で本音を書けるようになった」と言っていた。日本で「運動会はつまらなかった」とは書きにくい。「準備した人の気持ちをちゃんと考えて」などと怒られてしまったりするからだ。ところがイギリス式の学校では「つまらなかった」が許される。

その代わり「どうしてつまらないと思ったのか、相手を説得できるように文章を組み立ててください」と先生に指導されるそうだ。

言葉を大事にするということは、自分を大事にすることにつながると思う。毎回「運動会、力を合わせて頑張ったので楽しかったです」などと、心にもないものを書いていたりすると、そのうち自分の気持ちがわからなくなってしまう。

長男が小さいころ、「保育園が好きじゃない」と言い出した時期があった。「なぜ好きじゃないの？」と聞いたら、「あのね、あのね……」と考えながら「僕は、せいぞろい、が嫌いなの」と言い出して、なるほどーとなった記憶がある。

こうやって気持ちを教えてもらえると、親の方も理解が進む。「ああ、この子は集団行動が嫌なのだな」とわかる。ここで「みんなと一緒のことを楽しまなきゃダメでしょ」と言うと、それは正論かもしれないけれど、子供の心を萎縮させてしまう。たぶん子供はそれ以上、話さないだろう。夢が「ある」のが正解、運動会が「楽しかった」が正解、としている限り、本人オリジナルの複雑な思考が閉じられてしまい、「力を合わせて頑張った」風の思考停止に陥ってしまう。そして思考停止を繰り返していけば、自分が何者なのかがわからなくなる。

ある程度の建前の使い分けも時には重要だ。しかし、自分で自分がわからなくなってしまっては意味がない。だからまずは、自分の正直な気持ちを意識するところから始めた方がいいと思う。建前と本音を使い分ける国では難しいかもしれないが、本音を言える場所を確保しておく。文章を書くことは、良い訓練になるだろう。

他人にわかりやすいストーリー作りをしない

最近、移住や人生相談を受けることが増えた。ところが「そんなことしたら世間にどう思われるか」を気にしすぎて動けなくなる人がいる。気持ちはわかるが、全員に好かれることは「絶対に」できない。

私たちは何か他人と違うことをするときに、つい「他人にわかりやすいストーリー」を目指してしまう。海外移住でもそうだ。「会社の命令で」「仕事上仕方なく」など大義名分があればわかりやすいが、「何となく行ってみたいな」「面白そうだったから」などと本音を言えば攻撃される可能性がある。そこで、とってつけたような理由を捻出してしまうのだ。私もそうだったのでよくわかる。

動物的なカンというのは案外バカにできない。他人は理由を求めるかもしれないが、理由なんて別に何でも良いし、なくても良い。自分で責任を取るなら「こっちの方が何となく良さそうだな」「なんか、気になるな」程度で動いてもいいのではないか。他人に理解してもらおうとしなくていいのだ。

子育てが終わっても、一家でマレーシアに残っている家庭がある。一人で住んでいる人だっている。住みたいから住む、違うなと思ったら撤退する。家族やまわりと妥協できれば、それでいいんだと思う。

私もそうで、マレーシアに来たのには、本当に書ききれないほどたくさんの理由がある。しかし、実のところマレーシアにいると居心地が良かった、それだけかもしれないと思う。ここを言語化するのには本当に長い年月がかかってしまったが、結局のところ「自分が移住してみたかった」という単なる好奇心だったのではないかな、と思う。

周囲のマレーシア人はよく「人生は短い」と言う。本当にそうで、最終的に自分が楽しく生きられたら、それで良いのだと思う。他人の評価は移ろうもので、現世でまわりの人に一時的に羨ましがられたところで、大きな意味はない。

日本語の情報を「入れすぎない」ことも必要だ。日本の情報の中には「こんな女性は嫌われる」「こういうマナーはダメ」など、「世間（周囲の人は）はこんなことに苛立っていますよ」というメッセージが込められていることがある。しかし、外国人たちと付き合い出すと「世界」が一つではなく、たくさんの「世間」「考え方」「ものの見方」があることがわかる。就職活動で、本音は待遇に惹かれているのに、志望理由を無理やり作るようなものだ。私も就職活動中は「社会に役に立つことがしたい」などともっともらしいことを言っていた。自分をごまかしていてもすぐに化けの皮が剝がれるものだ。

世界を増やし「辞めるオプション」を持つ

オススメしたいのは、何事にも複数の選択肢を持つということだ。

マレーシア人の生活を見ていると、職場の嫌がらせやいじめで自殺する話をほとんど聞かない。嫌な職場は辞めてしまうからだ。逆に日本を見ていて、みんなが不思議がるのが「なぜそんなに辛いのに辞めないのか」ということだ。なかには「辞める」ことすら思いつかない人もいるのではないかと思う。

マレーシアの会社には、家族の行事を会社の予定より優先させる人がいる。会社が世界の全てである人は少数派だ。多くの人には家庭があり、宗教があり、会社以外に友人がいる。男性も普通に育児をするし、家族行事を大事にする。

日本人男性の働く時間は長く、帰ってきたらクタクタだろう。女性たちを見ていても、日本流に育児や家事を完璧にこなそうとする人が多い。マレーシアに来てお金があるのに、「まわりの目があるから」「専業主婦なのに楽していると思われる」とお手伝いさんを頼めないでいる人すらいる。狭い世界で「他人の目を判断基準にする」ことをやめない限り、自由になるのは難しい。たいていの問題は複数の選択肢を持つことで、解決できるのではないかと思う。

私は会社員だったとき、毎週の社会人オーケストラに大いに救われた。「会社以外に仲間がいる場所」があれば、会社を辞めたときに人間関係がゼロにならない。会社で嫌なことがあっても、忘れて付き合える仲間がいれば、深く落ち込まずに済む。同様に、結婚して家族を持ったことも大いに精神衛生上プラスになった。

私が子育ての初期に思ったことは、「日本の学校以外にも世界があることを早めに見せておきたい」ということだった。今いる学校、今いる世界が唯一のものだと信じ込み、絶望してしまった子供たちを何人か見てきた。複数言語を話し、日本を含め、世界中の学校を選択肢として考えられるようになれば、世界は大きく広がるだろう。日本人のみならず、世界中に友達がいれば、日本語の世界で嫌われることを、必要以上に恐れなくても良くなるはずだ。

Aの世界がダメならBの世界、というように、世界を渡り歩くことができれば、自由度と選択肢は大きく広がる。仕事もそうで、一つの会社にこだわらず、もう一つの選択肢を持てば、ブラック企業やマウンティングに耐えられなくなったときに「辞める」選択肢が取れる。我慢するか、辞めるか、その選択肢があるだけでも、心の持ちようは変わってくるのではないだろうか。

日本語以外もできると世界自体が増える

英語なんてなくても生きていけると言われる。それはそうだが、やはり言語が増えることによるオプションの幅の広がりは凄《すさ》まじい。そこには日本語だけで、日本人だけで話していると知り得ない世界が広がっているのだ。

私は自分の経験から、英語は大人になってからでもOKと思っていた。しかし最近では、子供を早く海外に連れてきて良かったと感じる場面が増えた。小さいころから複数の言語があれば、人生が豊かになるチャンスが圧倒的に広がる。

中学生になった長男は、勝手にいろいろと情報を仕入れてくる。英語ができるおかげで、ありとあらゆる国の人たちと話ができ、いろんな国の友達がいる。先生もアメリカ人、イギリス人、マレーシア人、イラン人、ザンビア人、パキスタン人と本当にさまざま。いろんな国の先生と、宗教や科学について議論する。フィリピンで知り合ったアメリカ人の先生たちとは、帰ってからもスカイプでつながっている。カンボジアではヨーロッパ人のアーティストたちと交流した。彼らがさらに「こういうものがあるよ」と教えてくれるので世界が広がっていく。

インターネットを英語で検索すれば、日本語のインターネットより豊かな世界がある。まるで、かつて私がシンガポールの高校生からＩＣＱを教えてもらったように、接する情報自体が変わるのだ。

複数言語を知ることは、脳の「違う部分」を使うようだ。言語を「完璧」にするのはまた難しいが、違う言語で違うチャンネルの人と付き合えるのは大きなメリットだ。音楽もそうだが、語学も楽しく生きるための技術だと最近思うようになった。

正直、私も下手くそながらの英語を覚えたおかげで、ここ数年、世界が急に広がった。朝のニュースが英語になっただけで、見える世界が全く違うのだ。マレー語はまだ少ししかできないが、マレーシア人たちのように、小さいときに多言語で育ったら、もっと面白い人生だったかも？とちょっと羨ましい気もする。

誰に囲まれるかで人生は変わる

よく言われるが、人生、誰に囲まれるかで変わる。グローバルな今の時代、外国人と日常的に接する機会が増えてきた人も多いだろう。

本気で世界を増やしたいと思うのならば、日本人とだけ付き合わないことだ。語学の壁がなくなってくると、周囲の人の多くが外国人になっていく。そうすると、自分の考え方が彼らに影響されて変わっていくのだ。最近、日本から来る人と会う機会が多いのだが、「私は相当ズレてきたな」と思う瞬間が本当に多い。

「こっちの人ってよく勤務中に携帯見ていますね」と言われたら、「それ私だな」と思うし、「渋滞で遅刻ってアリなんですかね?」と言われたら、「それ普通じゃない?」と思う。「こちらの運転荒くて怖いですよね?」と言われても、私はここでそのように運転しているので違和感は全くない。

まわりがマレーシア人だと、常識がマレーシア人の考えでアップデートされていくし、日本語のニュースやコラムを、あまり読まなくなる。すると、見える世界もズレてくる。待ち合わせの相手が「渋滞」で遅れるのは当たり前だし、電車が一本飛ばされて少なくなるのもフツー、信号機が壊れていたら、お互い譲りながら行くだけだ。ビザ更新が遅れたら出るまで待って予定を変更するし、子供が学校辞めてもまあオッケーと思う。

少しだけ柔軟性が高くなった。悪く言えば、日本にいたころより雑になった。考えが変わると行動も変わるのだ。これが面白い。ドイツに行ってドイツ人に囲まれたら、ドイツ人ぽくなり、京都に行ったら京都人の影響を受けるのだろう。異年齢・異性・外国人——

自分と違うタイプの人がいればいるほど面白くなるのではないか。

これは何も私だけではない。マレーシアに来て、「俺も信じられないほど変わりましたよー」って日本人がけっこうまわりにいる。この人たちもまた楽しい。それぞれ変わり方は微妙に違っていて、誰一人同じじゃないところがまたいい。こうやって海外に来てバグった「日本人2・0」的な人が増えていくと、面白いことが起きる予感がしている。

「白黒思考」をやめる

日本にいたときには、物事が「正しいか」「正しくないか」がとても重要だった。だから、間違った人を見ていると何となく「許せない」と思っていた。何かにつけて、自分の狭い常識に当てはめては、「でも私の方が正しい」と考えていた。正しくない人を見てはイライラし、「直してあげなければ」と無駄な正義感に燃えていた。今思うと、いつも戦闘状態だった。

マレーシアでさまざまな人種と付き合ううちに、「正しさ」には大した意味はないと気がついた。というより、正しさは、人種や地域、時代によって動く曖昧なものだと気づいた。

マレーシア人の仕事ぶりはゆっくりだ、と怒る日本人がいる。そう言うと、あるマレー人は「マレーシアに来てビジネスをしたいと頼んできたのは、あなたたちでしょ？　ならば、マレーシアのペースに合わせたら？」と言っていた。それを聞いて私も「速いこと＝正しい」と思い込んでいることに気づいた。そこに気がつくと、レジの人がおしゃべりしながらゆっくり働いていても、イライラしなくなる。

マレーシアでは、仕事が「お祈り」で中断することがある。お祈りの時間が優先されるのは、この国ではごく普通。特に断食期間中、ムスリムとの仕事は進みにくくなる。それでも仕事は回るのだ。

家族旅行に行くので、と運動会や授業に参加しない家族がいる。マレーシアでは家族の行事を何より優先させる人が多いし、お母さんが幼い子供を預けて、女友達と海外旅行するのも当たり前。いろんな人がいるから、中には「学校を休むのは良くない」「子供を置いて行くのはけしからん」って思っている人もいる。

ムスリムには奥さんが二人いる人がいる。世界には自分の常識では計れない人たちがたくさん住んでいて、それぞれから教わることもあるなーと思うようになったら、ぐっと楽になり、ストレスは減る。だから、日本でもお互いの「常識」を尊重して、世界を増やせば、私たちも生きやすくなる。

一方で、「閉鎖的な田舎」のように、「自分たちの常識を守りたい」人たちの自由もある。そういう人はコミュニティを守ってキッチリ生きていけば良い。何も統一する必要はなくて、「あー、そういう世界もあるのね。理解できないけど」くらいで良い。無理に関わって統一しようとするからケンカになるのだ。

この同じ空間で「世界がいっぱい増える」感じ。それを認めて許容していく態度が多様性に対応するということなのだと思う。

みんながグローバルになる必要はない

ここ5年くらい、子供の海外留学の現場を見ているが、一番難しいのが、小学生から中学生だ。「小さい子なら、すぐに馴染めるでしょう」と思ったら甘い。この年齢で、すでに海外に馴染めない子供がいっぱいいる。「外国人は怖い。できるだけ日本人の仲間といたい」という気持ちが強い子が多いのだ。それに英語を話すことに抵抗を感じる子も少なくない。

グローバルよりローカル向きな子もいる。彼らは学校や幼稚園で周囲に同調することを叩《たた》き込まれている。幼くても、自分と異質なものと触れ合うことを嫌がったり、年齢を問わず友達になる文化に戸惑ったりするのだ。

インターナショナル・スクールで、「自分の意見を言って」「質問して」と言われ、「先生から細かい指示がない」とか「みんなで成し遂げる達成感がない」と不満を持つ子供がいる。そして「みんなと一緒でいいです」「お母さんが決めて」となる。

「日本の同調圧力が嫌だ」とこちらに来る中学生が、「マレーシアではみんなで頑張る一体感がないのが寂しい。自分で考えるのが面倒くさい」と言ったりする。

良いところと悪いところは表裏一体だ。日本のように集団で協力することで安心感を得る子供は、実はとても多い。彼らは日本風の「連帯感」「一体感」が何よりも居心地が良いのだ。

大人もそうで、自分で決めるのが面倒な人は少なくない。多くの日本人は（子供含めて）

なんだかんだ言って同調圧力が好きなのではないかな、と思う。「これから、私どうすればいいですか?」「指示してもらった方が動きやすいです」という人もいる。かつての私もそうで、たくさんの人に「いい」と言われている会社にいないと不安だった。ランキングを見ては、自分の会社が「上位にいる」と安心したこともある。大勢の人に評価されていないと不安なのだ。

でも、それでいいんだと思う。人には向き・不向きがある。日本の学校で学び、一生日本で生きたって別に良いのだ。その方が居心地が良いということがわかっただけで、マレーシアに来た意味がある。

猫も杓子《しゃくし》もグローバルというが、全員が地球市民みたいになったら、かえって多様性のないつまらない社会になってしまう。その意味で反グローバリズムの人たちがいるのは良いことじゃないだろうか。世界中に似たようなチェーン店があふれる中、一生自分の村から出ずに伝統を守っている人たちの価値は上がっていく。ローカルで頑固に生きる人がいるからこそ、面白いんじゃないかと思う。

結局のところ、自分のことは自分しかわからない。他人の目を気にせずに、「人それぞれ自分が「ハッピーになる」道を行くしかない。同じ日本人にもいろいろいる。私はみんながみんな、グローバルになる必要はないと思っている。

おわりに

私はマレーシアに来て、もうすぐ7年になる。

実際に暮らしてみると、来る前に想像したよりもさらにダイナミックな驚きが私を待っていた。私が旅行で知っていたマレーシアとは別の顔が見えてくる。多様性の国と言われる通り、その多様さは私の想像を超えた。

この本は、そんな私が触れ得た小さい世界から見えたことを、私の視点から書いたものだ。おそらく、違う人がマレーシアに来て本を書いたら、全く違う本になるだろう。それだけこの国の多様性は奥深い。もしこの本を読んでマレーシアや海外に興味を持ったら、ぜひ自分の足で旅行し、自分で現地の人々と交流し、話を聞いて欲しいと思う。

正直、未《いま》だにマレーシアという国の全貌は見えないままだ。以前、友達は華人ばかりだったが、じきマレー系、インド系の友人も増えていった。さらにマレーシアには少数民族の人々や、ロシア系、中東系、アフリカ系などの外国人も、固有の文化を守って暮らしていたりする。だから、マレーシアに来た人は、付き合う相手によって、一人一人がかなり違う世界を見ることになる。マレー系とひと口に言っても、イスラムの戒律を厳格に守る人、モダンムスリムと呼ばれる開放的な考えを持つ人、華人だって福建人、客家人《ハッカじん》、いろんな人がいる。私が知っているのは本当のマレーシアの1％にも満たない。それほど多様な文化・言語・人種の存在する国なのだ。

目の前がどんどん変わり続ける生活は刺激的で、今でも毎日、違う驚きがある。「自分の知っていたと思っていた世界は、間違っていた」と認識を改めてしまう。こうして私は「日本の常識」がことごとく崩れていった。

私自身、日本に住み続けることを自分の意思でやめてみた。やめることで新しいものが入ってくるというのは本当だ。マレーシアにいると、社会の変革スピードが恐ろしく速いことに、時に驚く。そして日本にときどき帰国すると、あまりの「変わらなさ」に、まるでタイムスリップしたような感覚に陥る。

考えてみたら、実は所属する社会や、まわりの環境によって、日本でも見える世界が違う。東京に住んでいる人と地方に住んでいる人、サラリーマンと自営業者では見える世界も常識も異なっているのだから。そして、その分断は、これからもっと進むのかもしれないと思う。

つまり日本も多様性があふれる社会にすでになっていて、「多様性教育」というのは、単純にその事実を認めて、対応するだけなのかもしれない。

今の世の中の特徴は、「一を聞いて十を知る」が難しくなりつつあることだ。世界には、自分の想像を超えた人たちがたくさんいて、理解できないけれども、共存していかないとならない。

だから、マレーシア人の多様性への対応方法は、日本人の私たちにも十分参考になるのではないかと思う。私自身、マレーシアの友人たちに多くを教わり、大いに真似をして生きてきた。

最初に紹介したマレーシア人のジニーの口ぐせは「私があなたの家族の人生を変えたわよね」だ。これは本当で、いつも他者をリスペクトし、楽しみを忘れず、家族を大事にするマレーシアの友人たちから学んだことはあまりに多く、感謝している。

最後にこの本を書くにあたって取材に応じてくれたみなさま、書籍化の声をかけてくださった集英社新書編集部の東田健編集長、原稿を読みアドバイスをくれたシャズリンダ・マドユソフさん、シャワ・リーリンさん、ｎｏｔｅやツイッターの執筆を勧めてくれた松井博さん、オンラインサロンで議論してくれた大事な仲間のみなさん、仕事仲間、友人たち、そして家族にお礼を申し上げたい。

著者の最新情報は以下からご覧いただけます。

Twitter　https://twitter.com/mahisan8181

note　https://note.mu/kyoukn

Facebook　https://www.facebook.com/nomotokyoko/

図版／中山真志

野本響子（のもと きょうこ）

埼玉県生まれ。早稲田大学卒業後、安田火災海上保険（現・損保ジャパン）に入社し、アスキーへ転職。その後、フリーとなり「ASAhIパソコン」「アサヒカメラ」編集部を経てマレーシアへ。著書に『いいね！ フェイスブック』（朝日新書）、『マレーシアの学校の○と× アジア子連れ教育移住の第一歩』（kindle版）など。現在、現地のオンライン「マレーシアマガジン」編集長の他、PRや教育事業、旅行事業などに従事。

日本人《にほんじん》は「やめる練習《れんしゅう》」がたりてない

集英社新書〇九八一B

二〇一九年六月二二日 第一刷発行
二〇二二年四月二四日 第二刷発行

著者……野本響子《のもときょうこ》
発行者……樋口尚也
発行所……株式会社集英社
東京都千代田区一ツ橋二-五-一〇 郵便番号一〇一-八〇五〇
電話 〇三-三二三〇-六三九一（編集部）
〇三-三二三〇-六〇八〇（読者係）
〇三-三二三〇-六三九三（販売部）書店専用

装幀……原 研哉
印刷所……大日本印刷株式会社 凸版印刷株式会社
製本所……株式会社ブックアート

定価はカバーに表示してあります。

ISBN 978-4-08-721081-1 C0236

Printed in Japan

a pilot of wisdom

社会――B

3.11後の叛乱 反原連・しばき隊・SEALDs　笠井潔／野間易通
「戦後80年」はあるのか ――「本と新聞の大学」講義録　一色清／姜尚中ほか
非モテの品格 男にとって「弱さ」とは何か　杉田俊介
「イスラム国」はテロの元凶ではない　川上泰徳
日本人 失格　田村淳
たとえ世界が終わっても その先の日本を生きる君たちへ　橋本治
あなたの隣の放射能汚染ゴミ　まさのあつこ
マンションは日本人を幸せにするか　榊淳司
敗者の想像力　加藤典洋
人間の居場所　田原牧
いとも優雅な意地悪の教本　橋本治
世界のタブー　阿門禮
明治維新150年を考える ――「本と新聞の大学」講義録　一色清／姜尚中ほか
「富士そば」は、なぜアルバイトにボーナスを出すのか　丹道夫
男と女の理不尽な愉しみ　林真理子／壇蜜
欲望する「ことば」「社会記号」とマーケティング　嶋浩一郎／松井剛
ぼくたちはこの国をこんなふうに愛することに決めた　高橋源一郎
ペンの力　浅田次郎／吉岡忍
「東北のハワイ」は、なぜV字回復したのか スパリゾートハワイアンズの奇跡　清水一利
村の酒屋を復活させる 田沢ワイン村の挑戦　玉村豊男
デジタル・ポピュリズム 操作される世論と民主主義　福田直子
戦後と災後の間 ――溶融するメディアと社会　吉見俊哉
「定年後」はお寺が居場所　星野哲
ルポ 漂流する民主主義　真鍋弘樹
ルポ ひきこもり未満　池上正樹
中国人のこころ 「ことば」からみる思考と感覚　小野秀樹
わかりやすさの罠 池上流「知る力」の鍛え方　池上彰
メディアは誰のものか ――「本と新聞の大学」講義録　一色清／姜尚中ほか
京大的アホがなぜ必要か　酒井敏
天井のない監獄 ガザの声を聴け！　清田明宏
限界のタワーマンション　榊淳司
日本人は「やめる練習」がたりてない　野本響子
俺たちはどう生きるか　大竹まこと

a pilot of wisdom

「他者」の起源 ノーベル賞作家のハーバード連続講演録　トニ・モリスン
言い訳 関東芸人はなぜM-1で勝てないのか　ナイツ塙 宣之
自己検証・危険地報道　安田純平 ほか
都市は文化《アート》でよみがえる　大林剛郎
「言葉」が暴走する時代の処世術　太田 光／山極寿一
性風俗シングルマザー　坂爪真吾
美意識の値段　山口 桂
ストライキ2.0 ブラック企業と闘う武器　今野晴貴
香港デモ戦記　小川善照
ことばの危機 大学入試改革・教育政策を問う　東京大学文学部広報委員会・編
国家と移民 外国人労働者と日本の未来　鳥井一平
LGBTとハラスメント　神谷悠一／松岡宗嗣
変われ！ 東京 自由で、ゆるくて、閉じない都市　隈 研吾／清野由美
東京裏返し 社会学的街歩きガイド　吉見俊哉
人に寄り添う防災　片田敏孝
プロパガンダ戦争 分断される世界とメディア　内藤正典
イミダス 現代の視点2021　イミダス編集部・編

中国法「依法治国」の公法と私法　小口彦太
福島が沈黙した日 原発事故と甲状腺被ばく　榊原崇仁
女性差別はどう作られてきたか　中村敏子
原子力の精神史――〈核〉と日本の現在地　山本昭宏
ヘイトスピーチと対抗報道　角南圭祐
世界の凋落を見つめて クロニクル2011-2020　四方田犬彦
「自由」の危機 ――息苦しさの正体　藤原辰史／内田 樹 ほか
「非モテ」からはじめる男性学　西井 開
妊娠・出産をめぐるスピリチュアリティ　橋迫瑞穂
マジョリティ男性にとってまっとうさとは何か　杉田俊介
書物と貨幣の五千年史　永田 希
インド残酷物語 世界一たくましい民　池亀 彩
シンプル思考　里崎智也
韓国カルチャー 隣人の素顔と現在　伊東順子
「それから」の大阪　スズキナオ
ドンキにはなぜペンギンがいるのか　谷頭和希
何が記者を殺すのか 大阪発ドキュメンタリーの現場から　斉加尚代

集英社新書 好評既刊

教育・心理——E

感じない子ども こころを扱えない大人	袰岩奈々
大学サバイバル	古沢由紀子
語学で身を立てる	猪浦道夫
ホンモノの思考力	樋口裕一
共働き子育て入門	普光院亜紀
世界の英語を歩く	本名信行
かなり気がかりな日本語	野口恵子
人はなぜ逃げおくれるのか	広瀬弘忠
悲しみの子どもたち	岡田尊司
行動分析学入門	杉山尚子
就職迷子の若者たち	小島貴子
日本語はなぜ美しいのか	黒川伊保子
「人間力」の育て方	堀田 力
「やめられない」心理学	島井哲志
外国語の壁は理系思考で壊す	杉本大一郎
○《まる》のない大人 ×《ばつ》だらけの子ども	袰岩奈々
メリットの法則 行動分析学・実践編	奥田健次
「謎」の進学校 麻布の教え	神田憲行
孤独病 寂しい日本人の正体	片田珠美
「文系学部廃止」の衝撃	吉見俊哉
口下手な人は知らない話し方の極意	野村亮太
受験学力	和田秀樹
名門校「武蔵」で教える東大合格より大事なこと	おおたとしまさ
「本当の大人」になるための心理学	諸富祥彦
「コミュ障」だった僕が学んだ話し方	吉田照美
TOEIC亡国論	猪浦道夫
「考える力」を伸ばす AI時代に活きる幼児教育	久野泰可
保護者のための いじめ解決の教科書	阿部泰尚
大学はもう死んでいる?	苅谷剛彦 吉見俊哉
「生存競争《サバイバル》」教育への反抗	神代健彦
毒親と絶縁する	古谷経衡
子どもが教育を選ぶ時代へ	野本響子
僕に方程式を教えてください	高橋一雄 瀬山士郎 村尾博司

a pilot of wisdom

哲学・思想――C

歴史・地理——D

「天皇機関説」事件　山崎雅弘
列島縦断「幻の名城」を訪ねて　山名美和子
大予言「歴史の尺度」が示す未来　吉見俊哉
十五歳の戦争 陸軍幼年学校「最後の生徒」　西村京太郎
物語 ウェールズ抗戦史 ケルトの民とアーサー王伝説　桜井俊彰
シリーズ〈本と日本史〉② 遣唐使と外交神話『吉備大臣入唐絵巻』を読む　小峯和明
テンプル騎士団　佐藤賢一
司馬江漢「江戸のダ・ヴィンチ」の型破り人生　池内了
写真で愉しむ 東京「水流」地形散歩　小林紀晴 監修・解説 今尾恵介
近現代日本史との対話【幕末・維新―戦前編】　成田龍一
近現代日本史との対話【戦中・戦後―現在編】　成田龍一
マラッカ海峡物語　重松伸司
アイヌ文化で読み解く「ゴールデンカムイ」　中川裕
始皇帝 中華統一の思想『キングダム』で解く中国大陸の謎　渡邉義浩
歴史戦と思想戦――歴史問題の読み解き方　山崎雅弘
証言 沖縄スパイ戦史　三上智恵
「慵斎叢話」15世紀朝鮮奇譚の世界　野崎充彦
江戸幕府の感染症対策　安藤優一郎
長州ファイブ サムライたちの倫敦《ロンドン》　桜井俊彰
奈良で学ぶ 寺院建築入門　海野聡
江戸の宇宙論　池内了
大東亜共栄圏のクールジャパン　大塚英志
「米留組」と沖縄 米軍統治下のアメリカ留学　山里絹子

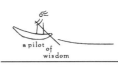

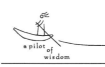